无隐

日本女性发展物语

徐杭 著

团结出版社

图书在版编目（CIP）数据

无隐：日本女性发展物语 / 徐杭著 . -- 北京：团结出版社，2023.2
　ISBN 978-7-5126-9467-5

Ⅰ. ①无… Ⅱ. ①徐… Ⅲ. ①女性 - 研究 - 日本 - 近现代 Ⅳ. ① D731.386.8

中国版本图书馆 CIP 数据核字 (2022) 第 108087 号

出　版：	团结出版社
	（北京市东城区东皇城根南街 84 号　邮编：100006）
电　话：	（010）65228880　65244790（出版社）
	（010）65238766　85113874　65133603（发行部）
	（010）65133603（邮购）
网　址：	http://www.tjpress.com
E-mail：	zb65244790@vip.163.com
	tjcbsfxb@163.com（发行部邮购）
经　销：	全国新华书店
印　装：	天津盛辉印刷有限公司
开　本：	146mm×210mm　　32 开
印　张：	8.625
字　数：	182 千字
版　次：	2023 年 2 月　第 1 版
印　次：	2023 年 2 月　第 1 次印刷
书　号：	978-7-5126-9467-5
定　价：	48.00 元
	（版权所属，盗版必究）

前言

民国时期，西方记者曾将中国女性与日本女性做对比。在他们眼中，身着旗袍的中国女性落落大方、昂然自信，配上高跟鞋更显迷人风采。日本女性则将自己包裹在严实的和服之内，神情庄重，脚踏木屐迈着碎步前行。

中式旗袍和日式和服，穿出了不同的维度，两者展现"魅力"的部位也不尽相同。旗袍外露的是胳膊和小腿。在《红楼梦》中薛宝钗的白膀子，曾令贾宝玉春心萌动。旗袍侧摆有开衩，走动时依稀可见女性腿部的窈窕曲线。

胳膊和小腿是中国女性对外展示的性感部位。

和服裸露的则是脖子，回望艺伎背后，一片雪白的粉颈。在日本女性的观念中，后脖颈最具美感，可令身边的男性意动神摇。

和服的下摆大多包裹严密，不宜迈大步，由于跪坐的习惯，日本女性小腿肌肉普遍发达，不愿让人看到。

透过这些，依稀可以想见，中日两国女性思想形态上曾经的差别。

1945年后，中日两国女性经历了各自的发展。改革开放初期，国外媒体惊呼，中国女人一夜之间"有胸"了。紧身衣被淘汰，少女们再也不把逐渐起伏的胸部视为羞耻，并且将胸罩穿戴起来。

那时曾流传一个段子，三个女人在一起，分别是西方女人、中国女人和日本女人。她们身穿裙子、头戴帽子，突然一阵风刮来，西方女人两手捂帽子，任凭裙子吹起；日本女人赶紧双手捂裙子，任由帽子飞走；而中国女人，一手捂住帽子，一手挡住裙子，帽子保住了，裙子也未走光。

"虽遭阴谋秘计，压抑至数千年"的中国女性，只要稍微给点亮光，就能以崭新的姿态出现在世人面前。

作为东方女性代表之一的日本女性，同样走过了曲折前进的道路。由于根深蒂固的保守意识和生活形态，她们走过的弯路似乎更多。

从明治维新起，尤其是"二战"后七十余年间，日本女性经历了从自缚精神枷锁到寻求灵魂自由，从恪守传统到张扬个性的跨越式发展，但依然留存着本身的民族性。日本女性在传统与现代之间寻求平衡，培养出同时拥有现代观念和传统美德的新女性。

1990年起，日本官方文书和公共团体在表述女人的用语时，已不再用"妇人"，而用"女性"一词取代。"女性"包含女孩、未婚女性在内，其意义更为广泛。一字之差，跨越了传统与现代。

同样,"女权主义"一词也以更温和与包容的女性主义来表述,内容更加多元和深入。如今,女性主义重要特征之一是顾家。热爱并守护家庭与女性发展并不矛盾,拥有精神自由,可以更好地与另一半和谐相处。

女性自我解放的过程,不是拿来标榜的道具,而是体现在情感、婚姻、家庭、教育、职场、参政等方方面面。

究竟是怎样的演变才令日本女性有了今天的样貌?政治体制、经济发展对女性意识有怎样的影响和相互作用,日本女性的发展趋势值得借鉴和探寻。

目录

第一章 1868—1945 女性意识萌芽

谁怜一身节烈 … 3
开眼看世界 … 6
女性教育先河 … 9
自由民权与女权 … 14
近代恋爱观 … 17
梧桐一叶落 … 20
女性原本是太阳 … 23
『白莲』事件 … 29
大正『新女性』 … 32
鹿鸣馆时代 … 35
一夜付东流 … 38
染血的新娘 … 41

第二章 1945—1950 恢复女性权益 … 45

- 那只是他完了 … 55
- 「圣女」和「娼妓」 … 58
- 女人涨了行市 … 61
- 我来当这个神 … 64
- 选票的力量 … 67
- 梦幻与现实 … 69
- 奋不顾身的爱 … 75

第三章 1950—1970 追求婚姻自由 … 83

- 把握发展良机 … 85

享受生活恩惠　90
全民皆婚社会　94
忘我的热情　99
皇太子选妃　103
沉默的王妃　107
二等战斗力　111
消费为美德　114
街头为之豹变　118
见不得人的性　122

第四章　1970—1990　性和身体解放

便所的解放　129
现实与天堂之间　137
真刀真枪地干　141

第五章 1990—2012 实现经济独立

阿部定的逆行 144
争得碧水清风 149
霸凌『必修课』 153
『巨乳风潮』起 158
煎熬在家庭里 162
泡沫经济幻影 166

自己改变现状 175
梦冒险的『天堂』 180
文化的『发情装置』 182
竭尽一生保护你 186
选票的价值 193
原配与情人 197

从婚姻中毕业 200
熟年离婚潮 202
「美女刺客」选举忙 205
两个女人的选择 209
家庭模式创新 218

第六章 2012至今 迈向精神自主

低欲望社会 225
走向「个体本位」 228
超少子化根源 232
仔细跨国婚姻 235
「黑箱」日本之耻 238
「Me Too」运动 243
性侵害保险 247

结语

奇葩协议书 250

渡边直美 254

第一章 1868—1945 女性意识萌芽

富国强兵的明治维新,对日本女性是把"双刃剑",它一面将日本女性的从属性、依附性更加固化,一面又让日本女性的意识萌芽开出几朵小花,稍后再将其泯灭在刀光剑影之中。

谁怜一身节烈

一个国家,某个时期女性的集体意识,不是孤立产生的。

日本女性意识萌芽的产生,要追溯到使日本走上近代化道路的明治维新(1868年),而此前推翻德川幕府的倒幕运动,正是女性意识的开端。

这场运动中,女性所发挥的作用,恰好印证了她们当时的地位和处境。

倒幕运动的发起者清一色都是男性,他们大多出身显赫,主体是武士阶层,属于世袭的半贵族。武士阶层的人数占当时人口的7%,他们鄙弃任何生产和经济活动,却热衷左右国家的命运。对这场运动影响最大的女性,则是专侍服务男人的——艺伎。

那时,德川幕府已统治日本二百余年,想要将其推翻,将大政奉还天皇，实现尊王攘夷，性质等同于谋反。天皇本身不具备实力，倒幕武士仅依靠单薄之力抗衡，因此早期的活动冒着极大风险。

艺伎馆的位置比较隐蔽，倒幕武士将其作为"地下活动"的主要据点，整日躲在其中密谋，并且随时可能遭到逮捕。身处恐怖氛围中的人，最渴望寻求精神寄托，与他们厮混的艺伎俨然是最佳寄托对象。久而久之，艺伎做了他们的情人，甚至是妻子。

那时的武士崇尚游乐，醒来，谈论天下大事；醉后，枕在美人膝上，正是志士本色，也是武士追求的境界。对这些男人来说，在女人之间的缠绵与改变历史的豪情相互交织。他们享受性爱之乐的同时，又用性爱去激励视死如归的斗志！

自诩开明的武士对待女人的方式，却和千年以前的平安时代如出一辙。

经典文学《枕草子》当中，对此有着细腻描写："古旧的木屋、纸拉门，烛光闪烁，身穿和服的武士、发髻高簪，对着他的情人哼了一声，那女人头颈低垂到完全看不到脸，她迅速爬了过来，武士矜持地坐下，然后……"

一个"爬"字囊括一切，此字多用在婴儿身上，而在这里特指武士的情人。有女性主义者曾这样讽刺："当女人用媚态来操纵男人，娇媚地依偎在男人身上，以45度倾斜往上看时，男人的鼻孔正好位于女人视界的正中。"

男人喜欢成为英雄，女人喜欢英雄的男人。武士和艺伎这种特殊的情感寄托，自然被利用和服务于现实当中。

"维新三杰"之一的木户孝允的妻子就是艺伎出身，她多次利用艺伎馆为掩护，帮助丈夫躲过幕府的追杀。

艺伎君尾则直接"投身"敌方阵营。她本是维新派武士井上馨的情人，两人好得难舍难离，可偏偏她又被负责追捕维新派的幕府高官岛田左近看中。为了爱情，君尾坚决不从。井上馨派人找到她，希望她为维新大业考虑。君尾便含泪嫁给幕府高官岛田，以身体做诱饵，借机刺探幕府机密，套出大量情报，帮助许多维新志士逃脱。后来，维新派武士根据她的情报成功刺杀了岛田，除去了维新路上的心腹大患。

维新志士高杉晋作弥留之际，最迫切的愿望就是看艺伎表演。高杉晋作去世后，他宠爱的小妾削发为尼，终身守在晋作的墓旁，四十多年青灯黄卷，直至去世。帮高杉找艺伎的伊藤博文，他的妻子梅子夫人也出身于艺伎馆，两人相识于倒幕运动期间，聚少离多，伴随终身。

倒幕运动中，日本女性默默隐藏在男性身后，关键时刻出手，偶尔露峥嵘，用身体和性来激发男人原始的本能，也用智慧和牺牲为男人要达到的目的服务。像中国的秋瑾、唐群英[①]那样，与男性并肩投身革命的女性却是没有的。日本女性以一种被动和隐晦的方式，参与到历史当中。

艺伎为明治维新燃烧了自己。有人戏称，"如果没有艺伎，日本的历史恐怕将要改写"。

然而，这些女性的价值是由男人的选择决定的，而男人的价值却不是由女性的选择决定。对绝大多数女性而言，她们只是历史的旁观者。倒幕运动时，日本女性的思维非常传统。

开眼看世界

明治维新后，随着西方技术和文化的引进，女性主义思想开始传入日本。

1871年，在内政尚未稳定的情况下，明治政府派出岩仓具视率领使节团出访欧美，其中就包括五名女性，她们全部系出名门，年龄最大的十六岁，最小的只有六岁。她们的原藩主都曾效忠于德川幕府，反对明治政府，但他们在戊辰战争②中被击败，身为战败方武士的女儿，这成了她们"自愿"出洋的原因之一。

临行前，专门安排五人觐见皇后，皇后通过女侍传话，"你们将来要成为全国女性的榜样"。她们被任命为女性启蒙的先锋，五人要留在美国生活和学习十年，成为跟男人一起开眼看世界的代表。

使节团乘坐的"亚美利加"号蒸汽轮船在海上持续航行，船舱里气氛沉闷。日本男性精英中竟有人按捺不住，一名男士醉酒后突然闯入年龄最大的女孩吉益亮子的船舱，若不是另外四个女孩回来及时，亮子差一点遭到性侵。那名男士只是象征性的受到审判，此事并没有被正式记载。男人在暗处进行的勾当被认为是小事。

当使节团抵达美国时，日本男人却吃惊于美国开放的男女关系。放眼望去，男女肆无忌惮地在街上搂抱，甚至亲吻，最让他们受不了的是女士优先，几个日本人跟美国女性抢电梯差点被群殴。

深入观察后，日本人更感惊讶。在家庭内，即使是日本贵族妇女也很少抛头露面。当男人们在茶室议事时，女性不许进入。武士妻子的职责就是为丈夫管理家政。在日本，女性不是遵从男性，就是供男性娱乐。

但是，看看美国女性的生活状态，她们对事物有自己的见解，并能毫不犹豫地表达。她们陪伴丈夫出席社交活动，还能主持酒会。男性为女性让座，向女性脱帽行礼，甚至帮女性做杂务。

为什么会这样？部分日本男人认为，是教育的差别。美国上层女性阅读很多书籍，见多识广，她们能够成为丈夫和孩子工作、学习、生活中的伙伴。然而，使节团里的男人并不渴望拥有这样的美式妻子，他们还会坚定选择日式的妻子。

使节团来到欧洲，便不再拘谨，他们考察了各大妓院，痛感日本色情业的落后和含蓄。他们归国后，明治政府颁布了"娼妓解放令"，开放色情业，公开的妓院如雨后春笋般涌现出来。

日本可供出口的物资匮乏，"解放"只为增加税收，政府把女性的身体当成赚钱的工具，有意识地向中国东北、上海及南洋等地输出妓女，赚取外汇用来扩充军备。相比中国古代很早就宣扬三从四德，日本对女性贞操的重视较晚，平民女子的性禁忌更少。许多年后，"南洋姐"的公墓散落在东南亚，墓碑无一例外背对自己的祖国矗立。

同时，明治政府将"文明开化"作为基本国策之一，仿效欧美教育体制，设立中小学和大学，读书成为国民必须履行的义务。

但是，政府规定男孩和女孩学习的目的不同，男孩学习的目的是为了富国强兵，服务大众；女孩学习的目的则是担任贤妻良母，培养科班出身的家庭主妇（今天日本的大学仍保留家政专业）。教导女孩为社会及男性牺牲安宁和幸福是女性的美德。

但有一点是相同的，那就是给年轻人灌输军事思想，培养尚武精神，提倡忠君、爱国、顺良、信爱、威严等封建道德。告诉学生，"日本乃神之国度，天皇是活着的神！服从天皇是最大的荣耀。树立忠君爱国思想，是国民道德教育的基本使命"。

明治政府成立初期，时局一度动荡。统治精英内部互相倾轧，出现严重分裂。为巩固政权，政府大树特树天皇权威，力度超过以往历朝历代。政治家重新打造旧的偶像，以实现自己的抱负！

直到1889年，《明治宪法》颁布后，政局趋于稳定，政府更加注重运用统治权，掌控国民内在精神，包含宗教、文化、艺术等各个领域，过程潜移默化，表面看似波澜不惊，内部却暗潮涌动。偶尔也展现出一定包容性。

自由民权思想和神道教、军国主义的灌输重叠交织，是明治维新后日本思想领域的一大特点。

女性教育先河

明治政府认识到，要追赶西方，就要建立近代教育体制。1871年，政府设立最高教育行政机构——文部省。该省成立后开始关注女子教育，1872年建立东京官立女子学校，至1885年日本共开设了八所女子学校。

随着社会自由度的增加，教育没有被垄断。一些受西方思想影响的人开设私塾，私立女校纷纷创立。在这期间，从日本宫廷中走出了一位近代女教育家——下田歌子。她出身武士之家，自幼熟读汉文经典，十岁前便会作俳句、写和歌，才华横溢。因其父受到明治政府重用，下田歌子成年后进入皇宫充当女官，她气质端庄、能歌善文，很快受到皇后赏识，"歌子"便是皇后赐名。

她利用宫廷之便主动结交男性权贵，据传她与伊藤博文有私情。在伊藤等掌权友人的援助下，歌子创办"桃夭女塾"，专门招收政要人物的妻女，侧重于培养新娘、学习吟咏和歌及讲解《源氏物语》，这些行为博得了士族家庭的欢心。此后，日本第一所华族女子学校成立，歌子作为筹建人之一统管学校教务。她还被选作两位皇族公主的老师，由此获政府委派，赴欧美考察女性教育。

归国后，她意识到平民女子的教育才是"国家隆盛之基"。1899年，歌子开设"实践女子学校"及"女子工艺学校"，并兼任两校校长。她开始大力推广"贤妻良母"理念，将教学目标定为"传授修身齐家所必需的实学，培养贤妻良母"，并在全国各府县陆续设立协会支部和附属工艺学校，为普及日本平民女子教育做出突出贡献。

歌子心中"完美妇女"的标准是：有爱国心；有身为国民的品德；有一定的知识技能；有健康的体格。

她所著的《家政学》是其理念的集中体现，书中强调妇女"如果能管理好家务经济，就足以成为相夫教子、富国明世的基础"。该书上卷包括总论、家内卫生、家事经济、饮食、衣服、住居等内容，下卷涵盖幼儿教育、家庭教育、养老、医病、交际、避难、使役婢仆七章，介绍浅近的科学知识和操作方法，具有很强的实践性。

《家政学》一书的影响波及海外。1902年至1903年间，该书出现三个中文名家译本，其中包括曾国藩之女曾纪芬的译本。当时清政府正欲废除科举，实行新式教育，它成为此间最早的教育类官方推荐书籍，用于清末女子学堂教学。

教育事业需要极大的投入，但这些投入不会立刻见到产出。歌子游刃有余地从掌权的男性友人那里获取资源，以实现自己的抱负。她提出的"和魂洋才"的贤妻良母主义，与明治政府的主流教育理念吻合。1890年，明治天皇亲自签发《教育敕语》，以"涵养贞节、孝悌淑静"的妇德伦理教育取代明治初年的智育教育作为女子教育的核心。这使得歌子本人被奉为楷模，影响延续至今。

总体而言，歌子倡导的教育仍多半根植于儒家思想。至于背诵英文、法文，学习科学、历史和哲学只是成为优质家庭主妇的点缀。歌子虽有赴欧美考察的经历，但未留在那里进行深入学习。

歌子自己的人生丰富多彩，但她渴望培养的却是大量一生循规蹈矩的"贤妻良母"。

如果要面向女性传播西方理念和文化知识，则需要受过先进教育的女性投身其中。随岩仓使节团出访的五名女性境况又如何呢？她们中年龄大的两位到美国后不久便返回日本，年龄小的三位则留在美国完成学业。永井繁子和山川舍松学成归国后结了婚，繁子嫁给了留学时认识的、在美国读海军的丈夫瓜生外吉，此人后来是日本海军大将，日俄战争时任战队司令。舍松作为第一位获得学士学位的日本女性，之后成为政坛元老、陆军元帅大山岩的继室，两人年龄相差十七岁，她坚持要先和对方相互了解（约会），才能谈婚论嫁。两位女性实践了美国式的婚姻观，也由于家庭的建立，使她们未能充分践行自己的使命。

三人之中年龄最小的津田梅子，希望创立自己的学校，永远不结婚。她留美学习十一年，所在的布林茅尔学院校长曾对学生说:"我们之中,除了婚姻外一无所有的女性将是失败者。"归国后,梅子感受到西方和日本对待女性的巨大差距,即使面对已算西化的父亲,她仍感觉到强烈的男尊女卑思想。

在华族女校任教的同时,她在报刊上发表见解:没有文化修养、教育和经验积累,女性在丈夫的生活中只是卑微角色,这与贤妻良母相距甚远。她鼓励所有女性拥有一技之长,一旦形势所迫,还可以养活自己。任何爱好和擅长之事都可以发展成一项技能。

梅子希望培养一批兼具日本文化传统和西方文明与宗教精髓的优秀女性。于是,她创办"女子英学塾"(女子英文私立学校),希望女性教育走一条更纯粹的路,但并不完全突破世俗,也不疏远权贵。

为赞助学校,她的美国友人慷慨解囊,有出国经历的日本女性自掏腰包。最初的校舍是一栋租来的房子中的一间小屋,屋子里还有一架破旧钢琴,梅子的藏书就是简易图书馆。她提醒学生,一所成功的学校最重要的是教学质量、师生热情、耐心和努力,以及追求人格和知识培养的精神信念。梅子希望这里成为学生的家,在一个屋檐下师生同吃同住,实行小班授课。她悉心对待每个学生,就像每个人长相不同,脑力和道德水平也不相同。学校注重锻造学生的性格,培养女性尊重彼此个性的学风,让她们学会思辨,成为独立思考的个体,而非只知死记硬背的玩偶。

时至今日,学校已改称"津田塾大学",且仍在蓬勃发展。梅子的骨灰埋在校园一处安静的角落,周围栽种着一片梅林。

正是这些私立女校,让部分中上层女性获得了学习自由民权思想的机会，萌生了日本早期的女性意识。

少女们进入学校，穿上前所未有仿水兵服样式设计的校服，披肩领的颜色和条纹用来区分学校和年级。与厚实严密的和服相比，"水手服"清新大方、窈窕多姿，成为女性竞相追捧的流行装扮。1902年，第一本以少女为目标人群的杂志《少女界》创刊发售。集中展现少女迷思、幻想与欲望的少女文化，悄然发芽。

此后，日本近代女子教育经历了从重视智育到加强修身，直至将女德教育引向极端的过程。

自由民权与女权

明治时期，随着西化的开展，女性获得了更多的就业机会，女性不得进入寺庙、神社和爬山等禁忌逐渐废除，妇女有了离婚诉讼权。但就社会整体而言，女性被视为男性附属物的传统文化未被触动，社会仍习惯认定女性的最终归宿是丈夫和家庭。"制服时代"反而成了青春女性自由度最大的阶段。

为了冲破保守意识，包括岸田俊子、福田英子、楠濑喜多等著名女权活动家们开始在全国组织团体，发表演说呼吁男女平等、妇女参政议政。

为了壮大声势，女权活动家与自由民权运动[3]结合，和主张自由民权的男性政治家形成同盟。自由民权运动的主要活动方式包括集会演讲和上书请愿。女权活动家通过参与自由民权运动要求改革。19世纪70年代末至19世纪80年代初,妇女领袖非常活跃,她们在各种自由民权运动的集会上宣传自己的主张。

岸田俊子口才极佳,她公开指责"蔑视妇女,独尊男性"的观念,并描绘出一幅文明进步的社会蓝图,女人和男人有平起平坐的政治及经济权利,在家庭内部男女关系平等。

她举办巡回演讲,大批家庭妇女聚集到她的麾下,终日操劳的主妇们听得如痴如醉,大家按捺不住心中的恨意与愤怒,连家务活都忘记了。一场一场随着她奔走,跟追星族一样,幻想自己当家做主的那一天,她们全然不知距离那一天还有多么遥远。

这批女权活动家普遍家境殷实,会嫁给门当户对的男性。她们最痛恨男人三妻四妾,丈夫一旦纳妾,正室就可能沦为公开场合的摆设,家庭内部会变成以小妾为中心。丈夫去世后,小妾堂而皇之地跟正室争财产,正室还要忍气吞声,因此她们强烈要求废除一夫多妻制!随着女权问题的讨论逐渐深入,言语开始转为行动。

1871年,政府要求武士放弃传统的月代,改留西式发型。东京的女性闻风而起,成立了组织,也要剪短发,呈现爽洁的形象。政府马上予以取缔,还特意颁布法令,规定女性不得剪短发,如果头发里长虱子,要向政府申请,批准后才能去理发。

歧视政策激起女性更多不满,男性也参与到呼吁男女平权的运动中,最具代表性的是植木枝盛。他眉目俊朗、身姿挺拔,作为自由民权运动急进派的代表,演说极富热情,鼓吹必须以血为代价去争取自由!

而他的日常却是这样度过:

白天，他在各地举办演讲会，慷慨激昂地呼吁男女平权，支持女性参政，甚至提议禁娼，主张相当前卫。夜晚，他跑到妓馆嫖妓。并非有人跟踪，也不是刻意栽赃，是他自己承认。植木有记日记的习惯，他写道："明治一三年九月十七日，夜，在千日前席上演说，讲男女权论，召菊荣妓。"

此类事干多了，后来的女权主义者批判他言行不一。可对植木来说，他的头脑中娼妓和女性是"不同人种"，前者根本不能成为"同权"对象。他还表示，将来的妻子必须是德才兼备值得尊敬的女性。

丈夫可以随意买春，却要求妻子德才兼备，这就是当时的现实。

对植木来说，言行并不矛盾，这种思想也并非他独有。将其视为言行不一，是在平等思想，即一切女性不分阶级皆为同等之人的观念普及以后的事。

近代恋爱观

明治时期,虽然政府打压和无视女权运动,但男女平等毕竟是社会发展趋势,连西方的恋爱观也开始传入日本。

当时,知名女性刊物《女学杂志》[④]发表近代恋爱观,提出"灵与肉分离"的观点,认为灵魂是恋爱不可缺少的要素,精神高于肉体,要形成重视精神性的神圣恋爱观(恋爱至上主义)。

这对千百年来以生育为基础的爱情观构成严峻挑战,众多风华正茂的青年受其影响。

1892年,浪漫主义诗人北村透谷[⑤]在《厌世诗人与女性》一文中表达得更为清晰,他说:"恋爱乃人生之秘钥,先有恋爱而后有人生……"这诗意的形容,短短数语,犹如大炮轰开心灵,体现了日本近代打破封建伦理桎梏、实现恋爱解放的呼声。

透谷否定封建家庭的夫妇关系和花街柳巷里的爱情，主张独立人格相互吸引产生的恋爱。然而，恋爱一旦走向婚姻，女性往往会转瞬间从美妙优雅的精灵变为人间俗世的代表。透谷本人热烈追求恋爱和自由，又因现实撞击而感到幻灭。他的人生，正是现实对理想主义者的戏弄。

1889年，《明治宪法》颁布前夕，政府发布了一连串歧视女性的法令，包括禁止妇女参加政治组织、政治集会，更不得发表演说，连旁听国会议事也不允许。

女性解放运动先驱清水紫琴、矢岛楫子嘲笑政府，不许女性旁听是因为男性精英了解自己行为不堪，怕被目睹。部分男性政治家和媒体也诉求不满，政府只好让步，准许女性旁听国会议事。

不过，即便是女权主义者的盟友，自由民权运动中的大部分男性也不太情愿让女性参政，传统禁忌仍有巨大作用。

1889年，明治天皇将宪法授予当时的首相黑田清隆、枢密院议长伊藤博文。确立日本近代天皇制，日本成为一个"君主立宪"制的国家，国民的基本人权得到有限承认。这部宪法的最大缺陷是其中没有制衡军人的规定。表面上，天皇集大权于一身可以指挥军队，但如果天皇缺乏驾驭能力或不愿行使这种权力，狂放不羁的军人便可以为所欲为。

1890年，日本举行首届国会选举，女性被完全排除在外。选举人为二十五岁以上男性，缴纳直接国税15元以上者；被选举人为三十岁以上男性，纳税规定相同。当时的日元比现在值钱得多，能缴纳规定赋税可以投票的男性仅占日本总人口的1%。

那位亲手接过"帝国宪法"的黑田清隆曾陷入殴杀妻子的传

闻。他是第一批开眼看世界的日本男人,很早便向政府提议让女性接受现代教育,岩仓使节团招收五名女孩赴美留学,正是他的提议。

然而,黑田嗜酒,他的妻子患有肺病。传言说,黑田醉酒后将病中的妻子殴杀。为此,警视总监川路利良掘开了其妻的坟墓,开棺验尸,确认其妻为病死。时至今日,这仍是一桩迷案。

不论真假,流言本身就极不寻常。这突显了日本人性格中的两面性,一个有殴杀妻子嫌疑的人,照样可以出任首相,还被授予"帝国宪法",让他带头维护宪法秩序。

明治时代的政治,男性精英垄断权力、暗箱操作的特质明显,女性确实不太适合参与其中。

梧桐一叶落

在宪法的压制下,部分女性团体仍继续争取女性参政权,但未有重大突破。女性的兴趣逐渐转移至教育和文学领域,社会活动也主要倾向于非政治性。

那时绝大多数日本女性以婚姻为"终身职业",缺乏属于自己的社会角色,这阻碍了女性能力的发挥和地位提升。

正当此时,涌现出一位女性职业作家,她短暂的一生集中体现了明治时代女性的抗争与无奈。

赴日旅行的人会发现 5000 日元纸币上印着一位女性的肖像,她就是樋口一叶,是首位出现在钞票正面的女性。这位才华可与男性比肩,却终身陷于穷困的女性,在去世一百余年后,变得极为"富有"。

一叶原本家境小康，自幼喜爱读书。十四岁时，父亲送她进私塾"荻之舍"，学习和歌、书法和古典日文。十六岁时，突遭连串家变，长兄病弱亡故，次兄离家出走，父亲经商失败负债累累，一病而逝。继而未婚夫毁约，家中陷入困顿。

一叶还有个妹妹，为了维持生计，她被迫突破传统外出谋职，做过洗衣、缝补等诸多杂工，生活艰难。此时，她的女性友人田边花圃在报上发表一篇小说，获得丰厚的收入。一叶受到启发，决定以笔养家。

1891年，一叶成为《朝日新闻》的记者。作为明治时代女性社会角色转变的先驱，她投入旧派大众作家半井桃水门下，学习小说的写作技巧。随着交往加深，两人日久生情。但人言可畏，一叶听信了一个关于半井的传闻，加上对圣洁爱情与生俱来的执念，这段师生恋无果而终。失去半井的协助，一叶的生活更加困顿。

1893年，一叶全家搬往贫民区，开了一间杂货铺，店铺靠近烟花柳巷，紧邻东京最大的红灯区——吉原。光顾杂货铺的人全是社会最底层的贫民、妓女和穷孩子。这段时光，使一叶对下层民众的困苦有了深刻体会，对贫苦人的命运产生了深切同情。

她了解到一些少女为了生活被迫卖身，看到她们在"火坑"里仍然坚强努力地生活，一叶深受触动。通过观察社会和自己的人生，她终于发现，不论地位和处境如何，只要身为女人，就不可避免地受到某种束缚而不能自拔。

在二十二岁那年，一叶重返故居，再次提笔创作，文风随之发生巨大变化，惯有的脂粉气消失了，取而代之的是简洁有力的肺腑之言。

然而，现实不容她有一丝幻想，母亲竟以一叶尚未写出的作品为担保，四处借钱。为了糊口，一叶不得不抛却女性的矜持，硬着头皮去求一个江湖骗子、中年色鬼。当此人提出非分之想时，樋口一叶宁愿饿死，也不肯失去清白之身，并毅然坚持创作。

1894年12月至1896年1月，在短短十四个月内，她相继写出《青梅竹马》《大年夜》《浊流》《岔路》和《十三夜》等一系列佳作，轰动文坛！

一叶特别善于对女性复杂而细腻的内心世界进行剖析，通过刻画生动的人物形象，控诉了女性无论顺从还是反抗，怎样都不行的生存困境，以及生为女人而产生的性和生存的悲哀。

然而，一叶即使成名也未能摆脱贫困。长年困苦的生活和感情受挫令她身心交瘁。

"梧桐一叶落，天下尽知秋。"1896年11月23日午后，樋口一叶因结核病过世，年仅二十四岁。

明治时期女性作家、翻译家辈出，出现过"闺秀文学时代"，创作数量仅次于平安王朝的女性文学。她们的共同点是出身富裕家庭，受过高等教育，她们的作品与现实矛盾对抗的思想很弱。她们都没像樋口一叶那样，在发出一道璀璨的光辉后陡然陨落。

如果没有文学，她落叶一样的人生就这样过去了。一叶曾说："我是为了抚慰世间女性们的病苦和失望而降生到这个世上的。"

女性原本是太阳

明治时期很多平民女性,她们被时代裹挟,终生劳作却什么也换不回,只留下无尽的感伤。

19世纪后半期,随着日本近代工业发展,棉纺织业、缫丝业趁势崛起,资本家数量大增,日本被称为"亚洲工厂"。作为后进国家,出口产品要具有竞争力,关键因素是可以招募到大批廉价劳工,主要是年轻女工。

她们大多来自入不敷出的农村家庭,许多地区收成一旦变差,女孩就会被轻易变卖。在东北部地区,村公所公开张贴提醒告示:"欢迎来村公所咨询,以免卖女儿时被不良商贩欺骗。"这还是人活的世界吗?由于教育程度低下,女权运动与她们无缘,她们接受的更多的是官方"为国奉献"的灌输。

女工们翻山越岭来到工厂的途中,厂方就教她们传唱歌谣:"翻转又翻转的生丝,纺动中连串成线,它是帝国的财源,出口价值超逾亿元……妇人贡献效果高,帝国自身两皆好,艰难辛苦不在乎。"

到工厂后,老板以各种爱国名义和严厉的赏罚制度驱使她们加班加点拿命换钱,每天工作10小时以上,工资却不及男工的一半,比同期的印度女工还要低得多。女性在恶劣环境下忍受残酷劳动,由于近代纺织机械易产生大量粉尘,老板又不给女工配发口罩,一些工厂女工肺结核患病率高达10%。一旦病重,便会被老板无情辞退,她们会把病菌带回家乡。

工厂领导对女性的骚扰更令她们难以挣脱,其中容貌姣好者会成为资本家的小妾,被同事羡慕,但她们的结局往往不幸。另一些女工索性离开工厂,进入色情行业。19世纪后期,日本的娼妓人数仅次于纺织女工人数,合法妓女有五万多人,该职业成为很多失业妇女的无奈选择。

"女诗人如紫花,事务员即如杨柳。女教师如兰花,女工即如路边草。"这首女工自编的歌谣,饱含心酸与苦楚。其实,与社会底层女性相比,上层女性也不过是充当攀附权势、豪门联姻的工具。德富芦花的小说《不如归》一经发表即引发极大关注,正是因为它戳中了现实中女性无论身份贵贱,都无法左右自身,只能听由天命的状态。富有戏剧性的是,小说中被歪曲的继母原型正是留美归来的山川舍松。

随着近代民权意识的觉醒,1910年至1930年间,日本出现了第一波女性解放运动,在女权主义者和民权运动家的推动下,女性意识如萌芽生长。

这个阶段,刚好与"大正民主"时期(1912—1926)重合。相比明治天皇和昭和天皇,中间的大正天皇最没有存在感。他曾因屡有"出格行为"被传患有"精神病"。在这位"不正常"的天皇领导下,日本社会发展反而是最正常的。

大正时期,涌现出颇具个性的女权运动领军人物平冢雷鸟,她气质高贵、五官清新,柔和中透着坚毅,整齐的衣冠加上适度修饰,体现出柔美的情调和魅力。大学毕业后,她从旅欧的文艺评论家那里了解到欧洲妇女解放运动和女性文学潮流,从中受到很大启迪,由内向的女性转变为积极行动的女性。

1911年,平冢雷鸟经历了一段"殉情"之后,她邀集五位女作家共同创办了日本第一本女性杂志——《青鞜》。刊名源自18世纪的欧洲,那时在争取妇女解放的沙龙里,蓝色长筒袜成为女性自我觉醒的象征。日语将其译为"青鞜",意为彰显新女性的自尊和决心。蓝色长筒袜穿在靴子里,并不轻易示人,也蕴含着内在爆发的力量。

青鞜社汇集了多位女作家和诗人,著名浪漫主义诗人与谢野晶子,以赞助会员的身份参与其中。她赠送的赞辞放在发刊词卷首,"群山震,红日升,所有沉睡的妇女如今将清醒,行动起来"。

平冢雷鸟在创刊号上发表了重磅文章——《女性原本是太阳》。文章开头写道:"日本诞生之时,原始女性是太阳(日本古代有漫长的母系社会),是真正的人。现在的女性成了月亮,依靠别人生存,依靠别人的光才能发出光辉,是有着病人那样苍白面容的月亮。"

她充满信心地呼吁:"女性中潜藏着伟大的可能性。我们要冲破旧的封建社会非人性的束缚,用我们自己的力量把隐没的太阳再次唤醒,毫不动摇地确立自我,重新夺回自由和尊严!"

平冢雷鸟的发刊词作为最早出自女性的解放宣言,对日本男女平等思潮的萌发起到划时代影响。

1916年,与谢野晶子和平冢雷鸟就"母性保护"展开了一场激烈论战。两人都肯定女性肩负"母亲"这一重要角色。但是,"母亲"这一角色属于个人还是国家?该由谁来保护"母性"?"女性独立"与"母性"之间的关系如何平衡?两人就此产生重大分歧。

与谢野晶子认为,母性应以"个人"的自我价值实现为基础,生产、妊娠、养育子女等一系列与母亲相关的经济支持,应由女性自己承担,不应该依赖男性和国家,这样女性才能彻底实现经济独立。她同时强调,男女应同工同酬,女性不应为养育子女承担过度劳动,从而失去自身社会价值。怀孕和教育孩子是夫妻共同责任,她鼓励女性通过经济独立和精神层面自主,保护自己的母性。

平冢雷鸟则主张,女性最优先的价值是"母亲",母亲的角色兼顾社会稳定、培养人才的重任,是超乎个人的重要职责。这个角色存在于社会及国家层面之上,子女教育是国家的重要事业。所以,母性保护应成为一项社会权利,政府有责任担当。地方政府理应为女性提供工作上的便利及优质的社区服务,以抚慰她们的心灵。

平冢雷鸟甚至认为，以当时的条件，女性要实现经济独立完全是空想。女性独立和母亲角色，是鱼与熊掌不可兼得。养育子女完全依赖于男性的经济条件和国家的经济支持。

这种看似"私"与"公"的争论，折射出大正时期日本向政党政治过渡的现象，虽然没有成功，但整体宽松的政治环境使西方民主思潮泛起，俄国"十月革命"的影响也波及日本。个人主义与国家主义两大思潮相互撞击。

日本女性运动家很早就意识到女性权益的实现与政治体制、经济、文化等诸多领域相互关联。所以，争论超越女性权益本身，探讨扩及社会发展的诸多层面，这也是日本女性运动的一大特点。

这场争论，从"女性"和"母性"两个不同维度，肯定并尊重母性的正当性，诠释各自的价值观和定义，扩展了女性权益的外延，提升了女性运动的影响力，有非常重要的理论和实践价值。

平冢雷鸟与小她五岁的画家奥村博史恋爱，她拒绝随夫姓加入丈夫户籍，因而不办理结婚登记。但这并未妨碍她抚育两个孩子和照顾患病的丈夫。

与谢野晶子嫁给了文学家与谢野铁干，创作之余，两人共生育十一个子女，在她的精心抚养下，儿孙人才辈出。

平冢雷鸟和与谢野晶子不仅宣扬女权理论，还充分践行了各自的主张。

《青鞜》逐渐由文学杂志扩展成为女性主义的旗刊，以妇女解放运动为主题，对堕胎、自由恋爱、卖淫和母性等话题进行广泛深入的探讨，并增强了政治批判色彩，引起极大反响，得到来自全国各地的声援。另外，她们也遭到诽谤中伤。平冢雷鸟的老师津田梅子犀利地批评她"激进"的女权主义思想,梅子认为平冢雷鸟是自私的新一代女性中的一个。她们受过良好教育,却忘记了自己的"位置"。梅子认为女性不应将自己置于社会的风口浪尖,如果女性能通过学识证明自身价值,自上而下的改革自会到来。

津田梅子和下田歌子是同时代人。两人曾一起共事,她们对培养"贤妻良母"并无根本分歧。梅子主张女性不能因婚姻而失去独立性,要培养女性的自主精神,女性学习西方先进思想不该受到限制,要在此基础上成为贤妻良母。她的理念,在同时代女性中已属超前。平冢雷鸟比她小一辈,时代在不停地发展。

梅子告诫,真正的事业需要以平和的方式进行。然而,平冢雷鸟她们采取什么激烈手段了吗?她们之中思想最激进的要数伊藤野枝⑥。她和丈夫大杉荣却在关东大地震后被宪兵队捕杀,连他们六岁的外甥也未放过。

《青鞜》创刊五年后被无限期停刊,强大的男权社会冷酷无情地挡在了觉醒的女性面前。

君主立宪制初具规模,自由的萌芽便一个接一个陨落。日本现代文学的重要流派,与女性主义者理念相通的白桦派作家和艺术家创办的《白桦》杂志,也在关东大地震后停刊。

"白莲"事件

大正时期,也只有规避政治,不尖锐挑动社会神经的时尚杂志才能长期存活。创办于1905年的《妇人画报》至今仍在发行。该刊于1925年连载柳原白莲的自传体小说《荆棘的果实》,道出了令日本人津津乐道的"白莲"事件之原委。

柳原白莲,大正至昭和时期的女诗人,大正三美人之一。1885年,她生于皇族家庭。父亲受封伯爵,曾任驻清和驻俄公使。她的姑姑是大正天皇的生母柳原爱子,她自然成为天皇的表妹。

但是,白莲三岁时,身为艺伎的母亲就病逝了,在继母膝下生活的她受尽冷落。九岁那年,白莲被送往北小路子爵家中寄养。子爵夫人待她不错,亲自调教,引导她喜爱和歌,送她到贵族女子学校学习。但白莲并不知道,养母此举真正的目的是要她长大后嫁给自己的智障儿子。

这一切都是家人安排，鉴于子爵夫人的"恩情"，白莲无奈答应下来。结婚后，白莲发现丈夫不但智障还崇尚武力，经常家暴。十六岁的白莲竟为这个很傻很暴力的男人生下儿子，隐忍五年后，白莲实在支撑不住，她给娘家写信，请求他们把自己接走。

此时，父亲已经去世，兄长继承家业，这位后妈的儿子看出北小路家行将没落，让"珍贵的妹妹"荒废其中实在可惜，不如接回家另做打算。两人离婚后，白莲到女校学习西洋文化，开始和歌创作，在诗歌界逐渐崭露头角。

白莲二十六岁时，兄长安排她下嫁九州首富、煤炭大王伊藤左右卫门，此人足足比白莲年长二十五岁。作为回报，伊藤在筑紫修建豪宅，下重金做聘礼，还答应资助其兄竞选国会议员。

结婚后，白莲发现五十岁的煤老板目不识丁且精力旺盛，不但要她与小妾同寝，自己还到外面乱搞。更荒唐的是，丈夫闹得如此之欢，却早被医生诊断无法生育。

然而，1921年，白莲怀孕了。这个孩子是谁的呢？

原来，三十四岁时，白莲遇到小她七岁的记者兼社会活动家宫崎龙介（其父是改革家，孙中山挚友宫崎寅藏）。一不做、二不休，1921年她在《朝日新闻》刊发与丈夫的分手信。其中写道："你依仗自己的权势，却践踏女性的尊严……我珍爱自由与尊严，因此只能选择离开……"天皇表妹和一介平民冒着"通奸罪"的风险"因爱私奔"，瞬间成为轰动社会的事件。

白莲离婚后，其兄长仍不死心，他因失去最大金主愤恨不已，竟将白莲软禁在财阀中野家。此时孩子已出生，宫崎仍无法与妻子和孩子相见,急得整日前往其住处附近守候。

最后,老天爷帮了忙。1923年,关东大地震,中野家墙倒屋塌、自顾不暇,再也无心收留白莲,允许宫崎将母子二人带走,一家三口终于团聚。白莲也被皇族除名,柳原家将她永远驱逐。

用行动改写命运,比发表一百篇女权文章更起作用!在那个"离婚是女人的耻辱"的年代,白莲靠写作维持生计,她勇敢地摆脱了冰冷又虚伪的政治婚姻。

白莲和宫崎生有一儿一女,一度生活艰难。前夫伊藤听说后,派人将她的嫁妆、衣服、首饰等财物送来。白莲留下娘家的嫁妆,坚持归还其他财物。她的儿子成年后被征入伍,在日本投降前四天,被炸身亡。

第二次世界大战后,白莲从事和平运动,曾三次到访中国。她与丈夫相濡以沫、相伴终生,享年八十一岁。

大正「新女性」

大正时期，争取女性权益的力量仍在凝聚。1920年，平冢雷鸟、市川房枝等人发起成立了"新妇人协会"，这是日本最早的女性运动机构，此后争取女性参政权的团体陆续成立。"大正民主"前后，女性权益取得几项重大突破：

1909年，女性团体针对性病相关问题，要求政府整改。日本首次推出自制避孕套"heart美女"。

1920年，东京横滨地区各公司的女打字员，联合成立日本第一个女性事务员工会，要求增加薪水并与男雇员同等地位。

1922年，文部省首次出台条例，认可女性教职工和母亲享有产假，分别为产前两周、产后六周。

1924年，"妇人获得参政权同盟会"成立（争取女性参政权的联盟，1940年被迫解散）。

1928年，妇人消费组织联合协会成立。

避孕套、产假、女性工会、消费组织联合协会，称得上引领亚洲女性风气之先。萌芽的声音，已在这个时代微弱而活泼地唱响。

20世纪20年代后，随着日本商业的发展，城市居民的消费观念更趋现代化，中产阶层的文化生活丰富多彩，啤酒屋和咖啡店成为休闲人士的新去处。

大正三年（1914年），对铁路沿线多元化开发独具慧眼的实业家小林一三，为给阪急电铁招揽乘客，开设了"宝冢少女歌剧团"，成员全是未婚女性，男女角色均由女性扮演，与男演员一统天下的歌舞伎正好相反，剧团成立之初便吸引数十万民众观赏。剧团以"清纯、端装、优美"为理想，形成一种独特而富有魅力的美学意识与演剧文化。经过百年发展，"宝冢歌剧团"已成为日本首屈一指的演艺团体，在女性为主的观众中，尤以"男役"之名闻名于世。培养出大地真央、黑木瞳、天海祐希等一众明星。

大正时期，女性可选择的工作种类大幅拓宽。除了进工厂，高等小学毕业的女性可以到新兴的大型百货商场担任导购，或者到新办的银行当会计。私营企业开始大量招聘女文员，尽管收入微薄，但身穿制服并可以坐办公室，工作环境比纺织女工有了很大改善。

其中，最令男人着迷的是女服务员，她们在各大城市如雨后春笋般涌现，游走在咖啡屋、舞厅等处。她们并非娼妓，但装扮却极具诱惑力，主要收入来自小费。老板鼓励她们诱惑客人，频送秋波，甚至与看上眼的客人发生关系。1929年，日本全国女服务员的数量达五万，比合法娼妓还多。

女服务员引领着流行风潮，社会对她们却抱有偏见。人们认为贫穷农家女沦为娼妓，主要受生活所迫。她们用赚来的钱供养父母，也是一种孝道。而女服务员追求的是个人享受，她们的做法是纵情肉欲，自甘堕落。

这个群体不能简单以好坏论评，它至少说明女性对自己身体的控制力显著提高。伊藤野枝在《青鞜》发表过这样的观点：女性的身体属于她们自己，国家无权干涉她们对自己身体的控制权。

然而，20世纪30年代，日本政府多次发起"净化"运动，主要清理城市中的"红灯区"及"爵士世界"，被捕的女服务员一律被控无照娼妓，政府还禁止学生进入有女服务员的咖啡厅。

在此期间，下层女性争取权益的主要诉求是过上"普通人"一样的生活，她们只要求最小限度的自由，她们希望对家庭和国家所做的贡献能得到应有的尊重。

鹿鸣馆时代

随着妇女解放运动的开展，女性有了一定的社会地位。第一次世界大战后，日本报纸刊出讽刺"恐妻家"（怕老婆的男人）的漫画。画面上一位身穿洋装的男人，背着孩子，胳膊上挂着两个女士挎包，还帮妻子打着洋伞。更令保守人士感到不安的是，那些剪着短发、身穿洋装、脚踩高跟鞋的时尚女性可以自由出入夜店等公共场所，并且还和绅士们搭讪、喝酒。

早在1883年，在首相伊藤博文、外相井上馨的大力推动下，东京日比谷建立了一栋沙龙会馆——鹿鸣馆。这座独具英国韵味的二层砖式洋楼，呈现出意大利文艺复兴风格。白色的砖墙内有舞厅、餐厅、音乐厅、台球室，以及为来访者准备的精致套房。

极富诗意的名字取自《诗经·小雅》："呦呦鹿鸣，食野之苹；我有嘉宾，鼓瑟吹笙。"

鹿鸣馆是日本上流人士进行外交活动的重要场所，这里实行会员制，专门招待欧美高级官员、日本皇族、高官及民间有势力的人，交谈仅限英语，以彰显俱乐部的国际性。

日本政治家有意将上层女性充做外交工具。首相及大臣们慷慨地贡献出他们的妻女，贵妇们依照巴黎最时尚的造型打扮自己，夜以继日地举办各种舞会、夜宴、戏剧表演，日本女性帽插羽毛、身拖长裙，吸引那些欧美外交官前来。馆内歌舞升平，彻夜狂欢。

鹿鸣馆培养出一批具有专业水准的名媛，已是大山岩伯爵夫人的山川舍松负责培训西方礼仪和舞姿。"明治四大美女"中的三位——陆奥宗光的妻子陆奥亮子、岩仓具视之女户田极子、日本东洋妇人会会长锅岛荣子，都是这里的常客。她们在舞厅中翩翩起舞，与外国嘉宾乐聚一堂，讨外国人欢心，陪使节们吃喝玩乐，被誉为"鹿鸣馆之花"。

1887年4月，伊藤博文专门在此举办了一场四百人参加的大型化装舞会，将欧化之风推向极致。

明治元勋，内大臣三条实美的女儿穿着欧洲落魄贵族的衣服，挎着一个破筐，打扮成欧洲的卖花姑娘；涩泽荣一的千金出演蝴蝶之舞；日本大名（日本古时封建制度对领主的称呼）与"自由女神"跳波尔卡（一种源于捷克，当时流行欧美的舞蹈）。列席的西方使节、外国淑媛喜笑颜开，说日本人虽短躯黄面，但交际手法还算清新。这一时期称为"鹿鸣馆时代"，很多重要政策出自于此。

然而，日本社会对西方的态度已出现分化。19世纪80年代中期，要求保存并振兴传统精神价值的运动兴起，与西化派执政者形成对冲之势。除了到场嘉宾，许多无缘参加这场舞会的人对此充满厌恶。媒体对舞会极尽嘲讽和挖苦，认为这是不顾颜面、一味模仿西方的奴性体现！这个夜晚被视作日本与西方文化拥抱的高潮，也是走下坡路的开端。

日本高官这样做的根本目的，是想让西方使节看到日本人已有和他们比肩的文明程度，有利于改订此前签署的不平等条约，但结果却令日本人大失所望。日本真正与列强改订条约，是凭借武力取得甲午战争和日俄战争胜利后，才得以实现。

今天，来访东京的游人，再也寻不到那座欧式建筑，因为它早已不复存在。

1941年，鹿鸣馆被拆毁。所谓"文明开化"的殿堂从此销声匿迹，只剩上流社会的风雅韵事还飘散在风中。

这一年，天地一片昏黄！日军偷袭珍珠港，日本人选择与曾经学习并推崇的西方文明公然决裂！

一夜付东流

经过近百年的追赶,日本虽然表面接受了欧美文明,其实只是出于"师夷长技"才做的权宜之变。

政府真正倡导的是"和魂洋才",大和魂是不能变的!日本的封建伦理道德,经过近代化的教育体制和国家宣传,反而千百倍地得以发扬和巩固。

明治政府对西方法律政治制度的模仿和"求知识于世界,大振皇基"的决心,绝不意味其同样尊崇西方思想道德文化。

20世纪30年代后,法西斯军部⑦日益猖獗,逐渐控制了国家的主导权。军部凭借帷幄上奏之权,甩开内阁和议会,直通天皇,形成了"没有幕府的幕府统治"。其中一批右翼青年将校,俨然成为不受羁绊的狂放势力。"不知我等是狂是愚,唯知一路向前奔驰"。他们把矛头指向民选政治家，以恐怖手段清除异己。

20世纪20至30年代，三位首相遇刺身亡，通过政党政治上台的两任首相接连毙命。内阁重臣和财阀领袖被杀者达十余位。政界、财界噤若寒蝉。

上层反对声音消失后，他们又把矛头指向知识分子。只要大学教授们敢发表反抗武力的言论，就会被视为共产党，就这样知识阶层也屈服了。

官员、议员和知识分子都被震慑住，哪还有女性说话的份儿。

此前多年，统治层对社会进行长期的"神道教"意识形态灌输，潜移默化的军国主义思想熏陶，加之恐怖主义威胁，就像给一个巨型炸药包不断填装火药，在点燃它之前隐藏完好。只要战争机器开动，便会爆发出惊人的能量！

侵华战争，特别是日美开战，一切文明消耗殆尽。日本近代女性运动被军国主义中断，数十年的努力付之东流！

太平洋战争爆发的那一年（1941年），文部省教育局发表了《臣民之道》作为"家庭教育指导手册"推广，其中写道："妻子嫁到丈夫家里，不只是为了结婚。她要明白自己在家族里的身份：作为妻子，要对丈夫尊重顺从；作为母亲，要传宗接代，培养出能为国奉献的国民……"这种教育深深刻在了男性的脑海里，影响波及战后。

女性要将自己保持得像一张白纸般嫁到夫家，由对方的家族涂上颜色。男人想要的妻子是：服侍丈夫温顺，做事缜密勤劳，丝毫不会违背丈夫的意愿，将家事处理得井井有条，几年如一日。如此这般温顺又缺乏主见的女性最受欢迎。

官方从不提倡女性主义。妇女运动可能会突破社会界限，逾越女性规范内的本分及行为，这种恐惧早就存在于统治层。很多学者认为，女性一旦掌握文化知识，一旦跟男人有了同等权利，国家就会不和谐，社会就要分裂。

战争爆发时，日本举国陷入"为战争狂欢的漩涡"，军国主义思潮同样浸染着女性的头脑。对以顺服为美德的日本女性来说，历史培养起来的情感基础上的天皇制，比女权主义更容易被接受。越来越多的女性陷入盲从。像长谷川照子[⑧]那样勇敢投身中国抗战事业的女性反而被视为异类。少数坚持反战立场的男性被打成"卖国者"投进监狱，他们的妻女遭受的煎熬与屈辱，就像山田洋次导演、吉永小百合主演的电影《母亲》里呈现的那样。

1937年，日本的军事支出占中央政府预算的四分之三。对天皇效忠，为天皇而战，上升为国家主体意识。以温柔贤淑著称的日本女性，以妻子、母亲的身份鼓励丈夫和儿子忘我地投身到侵略战争当中。

这些女性没有客观的价值观，她们更喜欢用感情、肉体去考虑事情。

染血的新娘

最典型就是千代子的"事迹",在当时的日本无人不知。

千代子是日军大阪第四师团中尉井上清一的新婚妻子。"九一八"事变后,井上清一接到军队的复原令,可他此时正与新娘如胶似漆,难舍难离,流露出厌战情绪。

熟悉军史的人知道,第四师团是有名的"窝囊废"师团,该师团成员主要由来自大阪的小商贩组成,这些人对做买卖情有独钟,严重缺乏尚武精神。

其他部队临别时都抱着必死的决心,这支部队的人互作道别时却说:"保命要紧!"这是一支人性尚存的部队,可千代子却看在眼里,急在心头。她娇小柔美、性情温润,苦劝丈夫多日收效甚微。如何才能激励丈夫为天皇尽忠呢?她内心筹划着一个惊天动地的"壮举"。

出征前夜,趁丈夫睡熟,二十一岁的千代子悄悄地用小刀切开了自己的喉管。由于动作不熟,持续了很长时间,她始终一声不吭,直到黎明时分才默默谢世,身下的榻榻米被血染成了红色。

井上醒来后,在神龛前发现了一封遗书。

遗书中写道:"我的夫君啊!我现在心中充满了无限的喜悦。如果让我说,为什么而喜悦,那就是能在明天夫君出征前先怀着喜悦的心情离开这个世界,让你从此以后不再对我有一丝牵挂。我不能为你送行了,请你尽力为国效劳。"

千代子的事迹,起到了划时代的作用,为日本军部的宣传导向提供了绝佳素材。军部极力美化千代子的自杀过程,遗书也经人润色,改成上万字。

她成为日本妇德的"光辉典范",被写入教科书。在极短时间内,军部将千代子的事迹拍成电影,再将电影拷贝运至日军所在各处战场。

"没有后顾之忧"的井上清一前往中国东北,参与制造了"九一八"事变后侵华日军对中国进行的第一场针对无辜平民的大屠杀——平顶山惨案。一个柔美的妻子把一个柔情的丈夫,从人性的边缘拉回,"激励"成为冷血杀手!

很显然,日本女性的力量不容忽视!军部乃至政府,计划推动日本女性的思想向极端化发展。

日本历史上规模最大的协助军国体制的女性团体"大日本国防妇人会"在大阪成立,并迅速蔓延全国。该组织的发起者,正是千代子和井上的媒人安田夫人。

"国防妇人会"网罗了广大平民女性，发明了白色围裙和束袖带配套的制服，白色围裙是"圣女"的标志，只要身着这个"符号"，一切肮脏都被遮蔽。与此同时，中产以上女性加入"爱国妇人会"，虽然全体女性被一网打尽，但她们付出的辛劳程度仍有差别。

更为可叹的是，多数女权运动团体出现意识转向，将女性参与战时体制与女性解放等同起来，甚至认为支持战争也是发挥女性的价值，幻想以此获得妇女权益。

白衣飘飘，举国若狂！完全不问她们的男人参与的是什么性质的战争。

1937年10月，日本出现了名为"国民精神总动员中央联盟"的组织，要求国民"废除享受"。以培养服务战争的"军国之母"和"军国之妻"为女子教育的主要目标。同时设立专门对付思想犯罪的"思想警察"，他们可随意搜查嫌疑人住所。到1940年，又进一步管头管脚，禁止女性烫发。

在日本侵华战争早期，尽管精神上不自由，但上层女性的生活方式未受太大波及。20世纪30年代，东京的"摩登女郎"成了一道新生的靓丽风景，成为热门话题。女郎们普遍有一份独立薪水，支持女性参政，大胆结交男友。当她们手执纸伞，脚踏木屐，身穿轻便窈窕的改良和服，漫步在银座街头，散发的精神气质，俨然与已步入战争的国度格格不入。当战争还算顺利，部分女性仍可超脱于战事之外。受欧美女性和好莱坞电影明星影响，烫发流行开来。贵族小姐们将乌云般的黑发染成褐色，烫成卷曲状。

到1939年，东京市内有850多家美容室，面向青年女性推出两种发型，面向主妇推出四种"贞淑型"发型，每次烫发10日元，属于高档消费。

但是，随着战事吃紧，政府指责美容院污染女性的纯洁，要求立即禁止烫发，美容行业则采取拖延战术，把"烫发"改称"淑发"，一边打仗，一边继续装扮淑女。这时候，摩登女郎走在大街上就没那么轻松了，"国防妇人会"的大妈们会拦住她们的去路，劝说她们的穿着要符合战争需要，还会让她们把手上的金戒指捐出来，响应"奢侈品扑灭运动"。如果碰上警察就更不会客气。

直到1943年，她们再也"拖延"不下去了，因为电力严重紧张，烫发被彻底叫停！上层女性只好乖乖在家卷发。

战争让全体女性遭殃，不要说头发，就连体型也要管。女性的审美标准，不能由女性自己决定，要由政府说了算。官方鼓吹女人要壮硕！最好的身材是腰粗臀肥的"卫生美人"，这明显有利于生育。政府大力提倡"增员"，要求女性穿着一种毫无审美可言的劳动裤（扎起裤脚），只为更好地从事后勤服务。

姬百合挽歌

　　战争末期，由于大量男性被征召入伍，为填补劳动力空缺，政府下令十六岁至二十五岁的未婚女子均需接受政府指派的工作。女性甚至直接被派送到战场上。

　　在冲绳主岛的最南端，耸立着一座"姬百合之塔"。与其说是塔，不如说是一座白色纪念碑。洁白的碑面上镶嵌着一块黑色石板，上面刻着许多姓名，旁边雕刻着巨大的百合枝叶。

　　塔的对面隔一条马路就是大海，塔的旁边是纪念馆。这座塔在日本家喻户晓，人们把它当成一曲挽歌。

　　冲绳战役中，日军男性损失近十万，也未见一处纪念馆有这等规模。姬百合之塔，为何如此隆重？

　　因为这里殉难的都是冲绳的花季少女！

冲绳列岛是美军唯一进行过登陆作战的地方。这片土地见证了战争结束前，日本本土最惨烈的一仗。

姬百合之塔所在位置，就是当年冲绳战役日军最后的战地医院，塔下有一个深坑（伊原第三外科壕遗址），坑边裸露着冲绳特有的石灰岩。

1945年3月23日，美军登陆冲绳，战况甚为激烈。日军由于兵力不足，采取洞壕战术，大量日军埋伏在挖好的坑洞里。就算如此，他们也经不起美军的轮番轰炸，日军伤亡人数激增。

当时，日军强令来自冲绳师范女子部和县立第一女高的222名女生到野战医院充当护士。

她们的年龄大多在十五岁至十八岁。编成一支救护队，起名：姬百合（两校校刊一个叫《乙姬》，一个叫《白百合》）。配属陆军第三战地医院。

这些天真烂漫的女生，根本不知战争为何物。刚开始她们没把这事看得太重，很多人的包里还带着梳子、文具和课本，以为是暂时任务。到了才发现，所谓战地医院，就是地上挖的战壕坑！

更令她们意想不到的是，在这里要没日没夜地工作，不得片刻休息。随着美军南下，日军不断后撤，一直退到临近海边，最后的战壕坑。

姬百合之塔前方就是战壕入口，直径只有两三米，但战壕下面很宽，深达十几米，里面黑乎乎的。女生们不但要忍受洞内的潮湿，还被迫承担运送粮食和传递情报的任务，有九名女生在出洞执行任务时被炮击身亡。

据幸存者回忆，当时洞内医疗条件极差，眼见无药可治，医生就强迫女生把含有氰化物的牛奶端给伤员。伤员喝后痛苦异常，知道已被下毒，对女生破口大骂："你还是人吗！"

坑道内，一些还是少年的日本兵央求护士："让我在临死前看一眼你的乳房。"有的女生出于怜悯，解开了自己的衣衫。

在美军火焰喷射器的洗礼下，顽抗的日军终于支撑不住了。

6月18日夜，随着美军向南逼近，再无退路的日军突然下达命令："姬百合救护队解散！"

女生们顿时被抛弃在被四面包围的战场，不知何去何从，不知怎样面对洞外凶猛的炮火。解散前两天就有一百多人死亡。有的人死于炮弹的攻击，有的人用手榴弹结束了生命。女学生们惊慌彷徨的样子呈现在美军拍摄的影像中。

在姬百合纪念馆里，有这支救护队的详细资料。记录了女生们所在的学校成立，到她们在校的活动，再到校园逐渐军事化，以及她们被征召的过程。馆内有大量照片和在战场发掘的女生们携带的各种物品。多功能大厅里，播放着冲绳战役的纪录片和幸存女生的证言。安魂室内，所有能找到的女生照片都在里面，一张张排列着。这是那些原本天真活泼的少女，曾经活着的证明。

纪念馆资料上，有姬百合幸存者留下的话语：

事情至今，战场上的惨状，常在我们脑海里挥之不去。那个时代的教育要人们毫不迟疑地投入战场，这种教育的恐怖，令我们永生难忘。

当日本女性支持正义的时候，她们是牺牲者的形象，当她们支持非正义时，仍然是这个形象，甚至更加悲壮。

妇女从来都是反战主力军。然而，却很少听到日本妇女发出正义的呼声。因为她们很容易被群体的善恶观所左右，不能完全意识到自己到底在做什么，陷入所谓"集体无意识"。

纵然少数女性反对战争，但她们也不得不隐藏内心真实的想法。有的人为了获取一份安全的"归属感"，变本加厉地服从群体的疯狂。一些女性失去了丈夫或儿子，白天仍山呼万岁，夜里却和家人抱头痛哭，这种生存哲学的本质是伪善。甚至日本女性发嗲的笑声也是装出来的。

在扭曲的武士道精神的熏陶下，她们温柔但不善良，就像彬彬有礼并不代表文明。旧传统下的日本女性，许多其实比男性更阴险狡诈。她们的温柔更多的是一份献媚雄性的伪装，用极尽卑下、屈从逢迎的姿态以求自保。

到了法西斯时期，她们所有的"美德"与人类分道扬镳，再也伪装不下去了。

日本投降时，滞留在中国曾为军国主义服务的日本女性，身份不同、命运迥异。出生于辽宁，认了中国养父的李香兰为满映（株式会社满洲映画协会）拍摄美化侵略的"国策"电影，1944年更以一首《夜来香》红遍上海。"二战"后，她拿出自己是日本人的证据，免予被控"汉奸罪"。被她称为"哥哥"的金碧辉则正相反，作为清朝铁帽子王善耆第十四女，六岁时过继给日本人川岛浪速做养女，改名为川岛芳子。1948年，这个对扶植伪"满洲国"最具利用价值的中国籍女子，大概率逃过一劫（据传，川岛芳子行刑前被友人搭救，找了名叫刘凤玲的女子做她的替身，她则改称"方姥"隐居长春近郊，直至1978年去世）。

放下屠刀，百万残兵尚可归国，日本政府却不允许流落异乡的派遣妓女归国，要她们留在当地。

上海光复后，一群日本妓女如热锅上的蚂蚁，卷着金银珠宝，不知路在何方。据说，有个妓女拦了辆黄包车，任凭车夫拉着她在上海滩大街上四处游荡，直至夜深人静，车夫累得筋疲力尽，女人脑海里依旧茫茫一片。

车夫最后问："您到底要去哪儿？"女人回答："我已无家可归，只求您收留。"车夫生活在大上海的最底层，绝大多数是光棍。同是天涯沦落人，竟然抱得美人归！于是，双双钻进黄浦江边搭的茅草棚。

失败归根结底是男人的责任，那些为帝国大业付出青春和肉体的女性，却被无情抛弃。

侥幸回国的妓女，也像电影《望乡》中的阿崎婆那样，在周围人鄙夷的目光中，孤苦地走完余生。

注解：

①唐群英：中国女权运动先驱、民主革命家、教育家、辛亥革命功臣。1871年生于武将门第，十岁起学习剑法，抵制缠足。成年后能文善诗，好骑马击剑。她出嫁后，结识秋瑾、葛健豪，被誉为"潇湘三女杰"。她曾言道："不是天下兴亡，匹夫有责，而是人皆有责！"1904年，她东渡日本留学，成为同盟会第一位女会员。武昌起义爆发后，唐群英率女子北伐队助攻南京玄武门，她手使双枪带领全体女兵迎面冲击，迫使两江总督出逃，南京光复。1912年，因《中华民国临时约法》未写入男女平等条文，她率同多位女同盟会员极力争取，情绪异常激烈。据说，她曾因国民党新党纲中未恢复"男女平权"，掌掴宋教仁。1912年至1930年，她先后创办近十所女子学校，为之负债累累。唐群英晚年生活凄苦，南京国民政府给予救济。1937年，唐群英于家乡病逝。

②戊辰战争：一场决定明治政府命运的内战。1868年1月，明治天皇发布《王政复古大号令》，宣布废除幕府，令幕府将军德川庆喜"辞官纳地"。德川庆喜则宣布"王政复古大号令"非法。战争随即爆发，天皇军与幕府军在京都附近的鸟羽、伏见展开激战，德川庆喜败走。天皇军东征，迫使德川庆喜交出江户城，至11月初平定东北地区叛乱诸藩。1869年春，天皇军出征北海道，攻下幕府残余势力的最后据点五棱郭。戊辰战争为日本建立统一的近代国家奠定了基础。

③自由民权运动：明治政府成立初期，政权内部发生分化，

遭受排挤的政治势力退出政府后，掀起了反对专制体制、争取民主自由权利的政治及社会运动。包括开设议会、制定宪法、减轻地租、地方自治和修改不平等条约等。1890年帝国议会开设后，运动仍延续。自由民权运动是对明治政府的政治性鞭策，目的是促进政治体制改良。运动对日本近代党派的出现和思想文化发展影响深远。

④《女学杂志》：日本近代最早期的女性教育启蒙刊物。日本近代文化人，明治女校发起者岩本善治主持编纂。主张通过传统美德和西方教养的融合来提高女性的社会地位。该杂志聚集了一批崇尚自由的文化人，广泛报道国内外妇女相关话题，积极介绍国外女性的生活动态，对促进日本女性的思想解放有突出作用。

⑤北村透谷：日本明治时代浪漫主义诗人、文艺评论家。1868年出生，少年时代深受西方启蒙思想影响，积极参加自由民权运动。后脱离政治，决心通过文学实现内在生命的解放。1889年，他以故友的口吻创作自由体长诗《楚囚之歌》。1891年发表诗剧《蓬莱曲》，在日本近代诗歌史上独具特色。1893年，发起创立《文学界》杂志，聚集一批向往人生春天的青年作家。他与石坂美奈的热恋，激情迸发轰轰烈烈，冲破重重阻碍结合，但婚后生活堕入贫乏的琐碎。有了这番体验，他和学生斋藤冬子的忍恋，只能隐而不发。因对诗人的自由和理想世界的破灭，1893年岁末，他在自家阳台用短刀刺破喉咙自杀未遂。1894年5月15日夜，他在自家院内自缢身亡。

⑥伊藤野枝：日本无政府主义者，作家及女权主义者。1895年出身于贵族家庭，在女子学校就读时热爱文学。1915年，伊

藤加入青鞜社，发表小说和评论宣传女性权利。后期成为杂志总编辑，使刊物在思想上更加激进。她与无政府主义者大杉荣恋爱时，后者已有妻室，女权活动家神近市子是其情人。大杉荣认为，自己同时爱着三个人，不必选最重要的，但三个女人均不同意。1916年，伊藤与大杉荣在公园散步时，牵手并亲吻他，当时是很出格的举动。大杉荣告诉了市子，在三人外出旅行时，市子将大杉荣刺伤。他在住院时又失去了妻子。之后，伊藤和大杉荣在一起，但两人未正式结婚。他们一起宣传无政府主义，对日本国体发起挑战，被当局视为政治上的异议者。1923年9月16日，伊藤野枝和大杉荣连同其外甥被宪兵队捕杀。

⑦军部：日本明治维新后伴随近代军事化组建起来的，对外发动战争的军事指挥枢纽。包括政府中的陆军省、海军省，陆军最高指挥部参谋本部、海军最高指挥部军令部等。20世纪30年代后，日本军部逐渐脱离政府掌控，1945年因日本战败而解体。

⑧长谷川照子：世界语学者和作家，支援中国抗战的日本女性。1912年出生，1929年考入奈良女子高等师范学校，在校期间参加左翼文化活动。1936年，她与中国留日学生刘仁恋爱并结婚，被日本媒体称为"赤色之恋"。1937年，两人回到中国，她积极投身抗日斗争。1938年6月，中国军队与日军在武汉外围展开激战，长谷川照子来到汉口设立电台，用流利的日语向日军广播。武汉沦陷后，她来到香港继续播报反战广播，此后辗转到东北，为杂志编写反战文章。1947年1月，她因绝育手术意外去世，不久刘仁也因病去世。两人被安葬在佳木斯烈士陵园。长谷川照子在中国使用的笔名为绿川英子。

第二章　1945—1950　恢复女性权益

对日本而言，举手投降是新生的开始。男人的失败反而给女人带来了转机，本该属于女性的权益得到恢复。女人不再是任凭摆布的仆从或宠物，而是对手。

那只是他完了

"骄纵蛮横者来日无多，正如春夜之梦幻。勇猛强悍者终必灭亡，宛如风前之尘埃。"这是成书于1371年的《平家物语》中的两句诗，形容战败的日本正相符。

1945年8月15日，昭和天皇通过"玉音放送"的方式，宣布日本投降。那天对许多日本人来说，如释重负。此前军方一再叫嚣"一亿玉碎"，企图用极端意志绑架全体国民，黎明前的黑暗令人恐惧。

这个计划外的时刻，却是日本女性意识重新唤起的开端。

诺贝尔文学奖获得者大江健三郎，那年只有十岁，但他的记忆依旧清晰。他曾回忆：战败当天，全村老少包括孩童们，聚集在村长家周围，听着破烂收音机里传出的《终战诏书》。最先听懂的是村长，他走出屋门，眼含热泪对村里人说："日本完了……"

懵懂孩童大江健三郎，也觉悲从中来，正要跟众人一同哭泣时，他的母亲却在耳边用极低的声音悄悄告诉他："那只是他完了，你将可以迎来新的人生。"

这就是诺贝尔文学奖获得者的母亲。再暗的夜，也有人采芙蓉。未丧失独立思考能力的女性，一直潜伏着。等到时机来临，日本女性会果断发出自己的声音，哪怕在极其隐蔽的地方。

第二次世界大战前夕，面对严厉的思想统制，与谢野晶子曾写道："或许，只看到当前动态的人们会说'自由'已死。然而，'自由'只是蒙脸哭泣着，并没有离开。因为，无论何人，他的内心深处都祈盼着'自由'的重生。"

与纳粹德国相比，战败的日本是幸运的，它被美军单独接管，只受这一股力量支配。美国在日本设立驻日盟军总司令部（简称"盟总"），任命五星上将麦克阿瑟[①]为驻日盟军最高司令，负责对日军事占领和重建工作。

1945年8月30日，麦克阿瑟飞往东京，往昔"神风特攻队"的训练大本营——厚木机场。他只带了少量随从，且未携带武器，沿途却排列着三万日本军警，只要他们一拥而上，便可将车队团灭。然而什么事情也没发生，日本兵全都低眉顺目背朝车队站岗执勤。到达饭店后，麦克阿瑟津津有味地吃着端上来的牛排。

上一秒，嚣张如厉鬼，下一秒，恭顺似忠仆。日本人能根据形势迅速作出完全相反的变化，内心波澜不起。

麦克阿瑟告诉日本人："最高统帅部的职责并非抑制日本，

而是使它重新站起！"他将利用天皇的权威，以美国人的理念改造日本人的头脑，通过改组后的日本政府，实行间接统治。开启政治、经济、文化、教育等一系列民主改革。

前首相岸信介（安倍晋三的外祖父）曾说："日本历史上，只有两次改革是成功的，一次是明治维新，一次就是麦克阿瑟的改革。"

随着美军进驻，处于家庭与社会底层的日本女性，从家长制及男尊女卑的制度下，逐步解放出来。

该如何重建这个"魔兽世界"？麦克阿瑟发布了"民权自由指令"。要求日本政府立即解除对政治、公民和宗教权利的一切限制。同时废除一切镇压法令，撤销一切对新闻及通讯自由的管制。

改革是外科手术式的，而且根本不给"打麻药"。日本除了听命别无选择。短期内，日本的政治体制、经济结构、文化导向都发生了翻天覆地的变化。

1945年10月，麦克阿瑟要求日本推行"人权五大改革"，这个因妻子不支持自己事业就果断离婚的军人，改革的第一项内容就是：解放妇女，赋予女性参政权。

日本之所以走上军国主义道路，跟生养男人们的女性集体失语有很大关联，她们长期没有发言权，只有听命权。要给她们参与政治、改造社会的权利。

"圣女"和"娼妓"

占领当局希望解放日本女性的精神,而新组建的政府则更关心日本女性的肉体。他们的做法令人瞠目结舌。

美军大举登陆之前,日本政府抢先修建了一批专供美军使用的"慰安设施"。里面的女性从全国招募而来,美其名曰"为国献身",还在皇居前广场召开誓师大会,举行就职典礼。宣称:"由此同志结盟,信念引领我等勇往直前……筑起一座阻挡狂澜的防波堤,共同护持培养民族的纯洁,为维护战后社会秩序之根本,甘当地下之柱石。"

再看看下边那些女性,大部分从未当过娼妓,仅是为吃饭而来,她们的年龄在十八岁至二十五岁之间,个个衣衫褴褛,有的甚至光着脚丫。

他们为何要这么做呢？日本男人"用心良苦"，完全是按照自己的行为逻辑推理出来。过去"皇军"每到一地不论老幼大肆奸淫，此中危害心知肚明。

日本人认为，美国大兵来了也会这么干。为保全本国妇女的身心健康，只得使出"苦肉计"，牺牲其中一部分。将她们的灵魂与肉体出卖掉。于是盖起慰安所，希图把美国大兵拴在其中，使绝大部分日本女性免遭侵害。

事实上，美国政府根本没有要求日本建这些玩意儿，这种想法都是日本男人意淫出来的！

胜则出国奸淫他国妇女，败则任由外人奸淫本国妇女。这是典型的恶人逻辑。制定这种政策的男性思维扭曲，但他们不会让自己的女儿参与其中。

美国大兵到来后，就被这儿的姑娘们深深吸引了。个个高兴得发狂！"慰安设施"变成了美国兵的"狂野之城"。在没有床，甚至还没隔开的寝室里冲锋陷阵、攻城略地、惨绝人寰！

没过多少日子性病流行的趋势初见端倪，好在麦克阿瑟发现得早，及时制止。但依然阻止不了多年后人们动情地唱起《草帽歌》。

1946年1月，占领当局发布"废除公娼制度备忘录"，明令废止"公营"卖淫业，宣称它非民主，侵害女性人权。包括男女共浴的习俗，也被认为有伤风化，建议隔开。1947年1月，江户时代便已存在的公娼制度废止后，私营和个体娼妓如雨后春笋般涌出！

自此，专门满足美国大兵各种需求的职业女性"潘潘"诞生了，发展速度迅猛。在战后的新纪元，她们靠自己的力量支撑着生活，她们挺着胸脯，光着大腿，她们是时代的宠儿，穿着最时髦的服装，登上最畅销的色情杂志（从前被禁止）。在这个国度比任何人都更早掌握一门外语。她们从美军手里轻而易举地赚取大把美元，再毫不犹豫地花出去，活跃着日本经济。

战前日本女性支援"圣战"有多狂热，战后对"鬼畜"美军打开身体的过程就有多迅速！这种狂热源出一脉。日本人能毫无痛苦地从一个行为转变到另一个相反的行为。

在军国体制下，女性只有"圣女"和"娼妓"之分，在这压抑女性的两种形态之外，缺少中间地带。过去，"圣女"们赤裸裸的歧视娼妓。现在，娼妓们则怀着职业女性的骄傲，嘲笑"外行女人"对男人的依赖和软弱。

就连昔日威风八面的警察，现在也成了皮条客。如果某位占领军想找女人，只要肯付一点小费，他们马上就会告诉你，哪家的姑娘最漂亮！

姑娘们最喜欢白人，她们哄骗归国的美国兵带各种礼物回来，这些东西在物资匮乏的年代弥足珍贵。

女人涨了行市

日本经济已经垮了，正规市场陷入瘫痪，黑市却生意红火！为预防通货膨胀，掌权者玩了狠招。战前政府强迫国民储蓄，将每月工资的三分之一自动扣在银行。战后，失业的国民打算取钱渡过难关。政府却突然宣布，存款归零！存折留着做纪念吧……

这是不折不扣的流氓行为。在残酷现实面前，旧的秩序被打破，一切价值观都颠倒过来，神圣的不再高耸入云，低贱的不再贱入泥土。

首当其冲的是男性的尊严。因为战败，男人抬不起头，失去了支撑地位的东西。石原慎太郎[②]形容说，日本战败是一种"处女体验"。这种从未感受过的"外伤"，使国家患上"性感缺失症"，丧失了雄性功能。

女性则难以像战前那样被随意支配，尽管家中变得一贫如洗，她们却意识到自己应该像人一样活着！

面对女性意识的增强，男性心中有很大的不适应和不满，又不便明说，只能感叹道："女人和袜子都涨了行市。"日本袜子从前是线织的，战后改为尼龙材质。战前，日本女性遵守三从四德，忍气吞声、逆来顺受，战后许多女性走出家门，肩负养家重任。女性地位的变化使两性关系受到极大冲击。战后初期，日本离婚率上升，数量在千分之一左右。

1945年，日本的粮食收成出奇的差，中产之家都吃不上大米，以荞麦为食，贫寒之家更是三餐不保。食不果腹的人们，精神食粮却很丰富。

1946年，是日本女性精神上的解放之年！

1946年1月1日，裕仁天皇发表《人间宣言》。宣称自己是人不再是神！

其中说道："朕与尔等国民之间的纽带，始终以相互信赖和敬爱而结成，绝非依神话与传统而产生，也非因以天皇为现世神，从而使日本国民优于其他民族并注定要统治世界这种空想观念而产生的。"

天皇自己把神格外衣给脱了。一夜之间，有关"神道教"的标志物、宣传品和节假日都被拆除或废止。

日本人在民主化进程中取得了一大胜利，开始摆脱精神束缚和压制。然而这种胜利是被动的，是在美国人督导下，由少数精英完成的。

听到《终战诏书》的那一刻，许多日本人精神崩溃，几个月后，他们的内心陷入迷茫。事实证明，巨大的精神支柱一旦被抽离，影响不会立即消散，内心空虚的人们，会试图找寻新的精神寄托。

我来当这个神

《人间宣言》发布后,新兴宗教顿时兴起,冒出一群教主,争抢神坛空出的宝座。天皇不是宣布自己不再是神了吗,那这个神,由我来当!

走在信仰自由最前列的是一位女教主,自称"玺光尊"。她本名长冈良子,沉稳庄严的气质下,透出几分姿色。与之有过接触的演员德川梦声称她形似九条武子(大正三美人之一)。

长冈良子原是佛教徒,后改信神道教,聚拢一批信众,曾有人供奉给她一座矿山。她借此联络另一宗教"玺宇教"教主峰村教平,那位教主便将热情转向开矿。她则趁机鸠占鹊巢,凭借女性特有的魅力,不知不觉树立权威。

她的教义属于神道教的变种,杂有佛教的末法思想及江户时代以日本为中心的复古思想。伴随日本战后民族精神趋向传统，具有一定吸引力。

战前长冈良子就宣称，自己梦见了"天照大神"，得到拯救众生的神谕。那时，天皇拥有至高无上的权威，能在现世接近"天照大神"的唯有天皇一人。可她不但臆想自己有此能力，还每天都能接收神示，这需要多大胆量啊！

随着日本战局趋向不利，"玺光尊"的法力"日渐增强"。警察很快将其逮捕。搜查时，她竟毫不慌张，安排完各项事宜后，平静地跟警察走了。拘留期间，还帮同室的人捉虱子。

东京大空袭期间，每逢警报响起，教主峰村都被吓得惊慌失措，她却镇定自若，从容不迫地作出指示。信众转而信奉"玺光尊"。

不久，"玺光尊"正式宣称自己是"玺宇教"教主。她的座下有位非常出名的弟子，就是"昭和棋圣"吴清源。他的夫人吴和子更受重用，成了"玺光尊"的贴身女侍。

《人间宣言》发布后，"玺光尊"宣称：如今的天皇已失去神的本质，降格为普通人。"天照大神"离开昭和天皇的身体，进入她的身体。她便自称"天玺照妙光良姬皇尊"（简称"玺光尊"），自封"神圣天皇"。最后甚至演化成她是世界的天皇。对自己在战后变得"伟大"，她自称是脱去假面、显示真身！她觉得有必要让全世界的人都理解"玺宇教"的教义。

1946年5月，"玺光尊"命令吴和子和另一位信徒给麦克阿瑟递送亲笔信。两人躲在美国大使馆门口，当麦克阿瑟的座驾即将驶入使馆时，两人直接冲上去拦车，车子被迫停住。

吴和子高喊："Please！（请）"低头双手向前伸，递上一封书信，又说了声："Present！（出席）"

如此莽撞的行为，要冒着生命危险。但麦帅听懂了那两个单词，他走下车，接过信封，打开一看被逗笑了。信的内容是希望麦克阿瑟能加入"玺宇教"，日本人与美国人联手维护世界和平！信中写道："来吧！来玺宇的皇宫，接受玺宇之光……"

好家伙，日本刚还在亚洲穷兵黩武，转眼就要维护世界和平！如果麦克阿瑟成为"玺宇教"的信徒，岂不是要屈从于"玺光尊"？这样她就可以向全日本发号施令！

多么大胆且极富创意的构想，完全碾压那些只会在美国人面前点头哈腰的男性精英。

麦帅是宽容的，送信的两人在关押一天后被释放，日本警察却指着她们痛批："就因为有你们这样的疯子，才给我们惹了那么多麻烦！"

"玺光尊"被公认为日本战后最著名的"精神病"。这个评价显然过于草率。她至少反映出，日本女性的精神一旦被唤醒，所爆发出的"惊人魄力"。这是在长期畸形灌输下，民族精神的某种再生。

刚获得解放的人们，做出什么事都不足为奇。奴隶挣脱枷锁后，首先行使的往往是奴役他人的自由。统治者万不可因噎废食，得出把锁链加粗的结论。

选票的力量

国民性的形成，主要取决于政治制度而非文化。人性有无限的可能，在不同环境下会趋向不同的发展。

1946年4月10日，日本战后第一届众议院选举拉开序幕，女性首次获得选举权和被选举权，这是女性意识觉醒的标志性事件。

没米下锅的主妇，人人获得一张选票，虽不能当饭吃，加在一起却可以扭转乾坤。先把自己属意的人选上去，只要能挺过饥荒，命运就会有转机！

选举当天，日本2056万女性怀着紧张兴奋的心情奔向投票站，身着雪袴（冬季干活穿的裙裤）的妇女们，有的背着孩子，跋山涉水也要投上一票。有选举权的女性投票率达67%，比男性投票人数还多出四百余万。

全国突然增加一半人参与投票,这个天翻地覆的变化,对原有的政治格局产生强烈冲击,犹如一场海啸。

首次实行民主选举的国家,选票容易分散。新候选人特别多,女性与政治疏离太久,对候选人比较陌生。计票结果显示,总共466个议席中,没有一个政党得票率超过三分之一。

老牌政客纷纷落马,三十九名女性破天荒地当选众议员,这是日本值得骄傲的突破。更令人瞩目的是,她们当中一名女性身份特殊。

宣布结果的第二天,一位法律界人士急匆匆来找麦克阿瑟:"我遗憾地告诉您,一件可怕的事发生了。有个妓女被选入众议院!"

麦克阿瑟忙问:"她得多少票?"答:"25.6万张。"

麦帅装作镇定地继续问:"那么说,这(选票)恐怕不是全靠她那暧昧的职业得来的吧?"当听到否定答案时,麦克阿瑟认了。

他应该认,这是女性的选票,谁敢嫌她的职业有什么问题?25.6万选民的眼睛是雪亮的,持久的战争使女性意识到,妓女也比恬不知耻的政客,比双手沾满鲜血的武夫,干净纯洁得多!

梦幻与现实

本该属于女性的一切,正在悄然回归。战后女子教育理念转变为培养"民主社会的新妇女",将女性看作独立的社会人。否定战前的"贤妻良母"主义,实行男女"同等同质"教育。

1945年,日本取消了禁止女子进入大学的限制。1946年4月,以东京帝国大学为首的所有昔日"帝大"都开始招收女生。战前,中等教育之后,男女要分开学习,初中起分成男校女校,女校的教育质量偏低。这一规定被废除后,实行男女共学(至今仍有男女分校的县立高中)。学校管理方式采用美国制度,在各地成立学校委员会,教育控制权转移到地方,将义务教育延长至九年。

新制定的《劳动标准法》规定,男女同工同酬,禁止歧视女性的薪酬制度。此外，规定女性生育前后禁止解雇，要为生育等费用提供特殊薪资。尽管法律规定和实际落实之间有差距，但这为争取女性权益迈出了坚实一步。

战后初期，日本政府对文官制度进行全面改造，一项重要内容是废除公务员身份世袭制，确立通过考试任用官吏原则，为女性进入国家行政领域开辟了道路。

相比考公务员，一则广告的出现让女性更感兴趣。战争期间，化妆品被视为奢侈品而受到排斥。1946 年，资生堂制作了战后第一张彩色化妆品宣传海报。上面印有二十五岁女影星原节子（曾与李香兰合作，互为闺蜜）的形象。海报并未明确宣传某一商品，仅打出"资生堂化妆品"六个字。

这张海报引起的巨大反响远超预期。尽管大多数女性没有购买力，但海报却揭开了化妆新时代的序幕。看到的女性喜不自胜，她们终于盼来了这个时代，以后可以考虑如何打扮自己了。她们回家翻箱倒柜找出从前穿的粉色衣服，捧在手里不知不觉泪流满面，脸上洋溢着爱美之人的兴奋之情。资生堂顺势发售战后第一款化妆品——"爪红"。

在化妆品回归的同时，美容美发行业也迎来复兴，涌现出美容界的先驱——山野爱子。山野爱子 1909 年生于商人之家，自家开设的店面位于歌舞伎町，她从小被化妆和发饰给人带来的美感深深吸引。当她说出想成为"女结发"的愿望时，双亲极力反对。因为在当时替人美容美发的多是身份低的女性。但是，山野爱子最终以诚意打动父母。十六岁时，她创办了小理发店"御结发•松之家"。战后，她迅速拓展业务，推出新式发型。1949 年创办专业美容学校，打造以"YAMANO 山野爱子"命名的美容院线品牌，至今已有四百多家门店，成为受日本女性认可的国民美容院品牌。山野爱子研发的海泥面膜，材料取自冲绳海域，是日本海泥面膜的鼻祖。她提出"现代是女性自立的时代"，之后也成为战后女性就业的典范。

战争年代，除了化妆和美发，接吻也被视为西方颓废主义。外国电影上映时，接吻镜头一律删除。

在占领当局的推动下，日本电影《二十岁的青春》增加了两个接吻镜头，成为日本第一部有吻戏的电影。

影片中，美国男友引导日本女友该如何接吻，日本女友还是吻得不够自然。但这足以令观众热血沸腾，大咽口水，直呼过瘾，几秒钟的吻戏，竟使票房大卖特卖！

1946年11月3日，经第一届国会批准，日本颁布了新宪法《日本国宪法》，1947年5月3日起执行。

这部美国人参与起草的宪法，奠定了日本民主的基石。起草团队中有位传奇女性，她就是年仅二十二岁的犹太裔女性贝雅特·西洛塔。她出生在维也纳，身为钢琴家的父亲为躲避纳粹迫害举家迁往日本，那年她只有六岁，在日本生活到十五岁。她不仅懂日语，而且对日本文化和习俗有着切身领悟。

西洛塔在美国完成学业，第二次世界大战期间，她曾撰写对日宣传广播并参与播放。日本投降后，西洛塔回到日本，被分配到与人权相关的委员会。战争期间，这个国家拘留她的父母，逼迫他们过窘迫的生活，而身为女儿的她却要参与起草这个国家的宪法。西洛塔没有怨恨，她对日本社会愚弄女性的行为充满愤慨与同情。她将美国宪法草案中都未曾明确规定的内容"不分性别在法律面前人人平等""婚姻中男女平等"写入了日本新宪法草案。

《日本国宪法》确立了象征天皇制。包含明确的三权分立精神和议院内阁制政体内容。它规定：司法权独立；立法机关即国会两院（参议院和众议院）由选民直选产生；首相依众议院的选举结果推出，直接对国会负责。

日本成为真正意义上的君主立宪制国家，宪法中明确了"主权在民"，同时保留天皇的地位，国民享有新闻自由和结社自由，获得了民众的极大认同。

日本社会短暂呈现百废待兴的局面，然而很快便归于沉寂。原因是政治和经济发展不平衡的矛盾日益凸显。战争期间军需企业雇工数量超过六百万，战后这些人几乎全部失业。随着女性权益扩大，男人却找不到工作，女性负担继而加重。妇女地位虽然有所提升，但还是有大量女性继续为生活所迫出卖肉体。

社会改造不能一日完成，即便女性权益得到抽象的承认，但国民生活水平在短期内没有变化，尊重女性的理念还来不及扎根社会，长久养成的习俗也妨碍这些权益在世俗中实现。

1946年4月，代表大企业利益的"经济同友会"成立时想搞一次聚餐，居然找不到一家餐馆接待。曾经的高级料亭变成"禁止日本人入内"的占领军娱乐场所，或是无家可归职工的宿舍。大企业头面人物遭际如此，一般平民可想而知。

由于粮食收成出奇的差，全国面临饥荒。饥饿的人用废墟中烧焦的木头搭建栖身之所。女性的生活质量普遍低下。战争使男女比例失衡，制造了许多只有母子，没有丈夫的家庭，一个寡妇甚至要养几个孩子。主妇们把家里的家具、铁器、珍贵和服等一切值钱的东西拿出来换粮食，有时还要去郊外挖野菜。到最后只能用纸碗吃饭，全家盖一床被子。大家彼此交换着一个可怕预言：日本将有一千万人被饿死。

日子本来就难过，社会上又冒出一个特级杀人狂！此人名叫小平义雄，原是侵华日军。战后两年，他每次都以食物为诱饵，先奸后杀多达十名女性。受审时，他不无得意地交代："大家都饿着肚子，我就利用这一点跟她们搭讪，只要有吃的，她们就会跟我走。"人类丧失尊严的时候，女性的尊严首当其冲！

粮食危机引发社会动荡，许多人走上街头抗议。时任首相吉田茂只得找麦克阿瑟协商，要么镇压，要么放粮。在麦克阿瑟的干预下，美国从本土运来的粮食占居民全部配给量的80%，日本这才有惊无险地度过了最艰难的时刻。

改革是顺利的，现实是残酷的。在一个普遍贫困的社会里，女性意识很难获得持续发展。

当时，市场上推出了一款新式电饭煲，煮饭既方便又好吃，商家在报纸上猛打广告，却无法带动销量。主妇们并非不动心，而是实在没有购买力。家里所有的钱都用于购买粮食了。

1945年至1950年，日本经济始终未见起色。无论是"倾斜生产方式"[③]还是"道奇计划"[④]，效果都不理想。日本经济犹如一辆停在轨道上的列车，无论怎么推都纹丝不动，这显然是力道不够，缺乏强大的第一推动力。

政治改革的新鲜感过后，人们发现生活还在原地踏步。各种政治势力趁机煽风点火，群体性事件层出不穷，维稳工作形势异常严峻。大和民族的优越感丧失殆尽，相当多的人认为日本已沦为四流国家，社会上弥漫着一股无力改变现状的颓废气息。

奋不顾身的爱

在这期间,一位"无赖派"作家走红。他的作品《斜阳》,映照着人们的徘徊孤寂。许多女性成为"斜阳族",展现出了战后的"集体物哀"(人心接触外物时,依着它的情致感触到的心境),此人就是太宰治。

他的一生曾五次自尽,其中三次是跟不同的女人,他的动机无法言喻,舍命相随者则反映出日本女性不同的特质。

太宰治二十一岁时,遇到了东京银座酒吧女招待田部阿滋弥,这是一个由内到外透着清冽气息的女孩。同居仅三天,田部便愿意和他一起做任何事。两人共同前往镰仓小动崎神社后海岸边,先服安眠药,再投河自杀。

感受到无法呼吸的压迫感,太宰治求生的本能被唤起,附近的船夫将他救起，十七岁的田部却断送了性命。但与太宰治交往时田部已是人妻，不久前跟随丈夫从广岛来到东京，为了帮助丈夫维持生计，才当了女招待。

事件发生后，镰仓警察署以"帮助自杀罪"将太宰治逮捕并准备起诉他，一旦定罪，太宰治很可能坐牢。但太宰治出身于青森县的名门津岛家，父亲曾任贵族院议员。调查此事的刑警是津岛家过去佣人的孩子，负责起诉的裁判所所长是太宰治父亲的本家松木家的姻亲。一番沟通后，太宰治未被追究刑事责任。

受津岛家委托处理此事的中畑庆吉回忆，田部阿滋弥美艳惊人，"我暗想，所谓美人，指的便是这等女子吧"。

一个对感情拥有信赖心的女子，代表日本女性纯洁的特质，得到的却是这样的结局。

第二位是小山初代，那是太宰治高中时出入风月场所结识的艺伎，她身上有着成熟女人的韵味。在所有接触的女人中，太宰治付出最多的就是她，为了和她结婚，太宰治被津岛家除名。小山被视为结了婚，但未入籍的妻子。

太宰治曾因使用麻醉药成瘾住进医院，他把小山初代视为上天派来拯救他的人，不料此人心中却藏着一只心无慈悲的"兔子"。在医院期间，她与太宰治的远亲美术生小馆善四郎来往密切。发现妻子出轨后，太宰治像被人迎头砍中。此时刚好是他们婚后第七年。

此后，太宰治带着小山来到谷川温泉，企图服用安眠药自杀，但未获成功，双双生还。小山毕竟是艺伎出身，对付男人的手段高明，干什么都可以表面顺从，帮他把瘾过足。那年太宰治二十八岁。

小山明白自己的地位，能根据情况作出判断，她也代表日本女性最现实的一面，以顺从的方式，和风细雨地驾驭男人。

最具独立人格的要数第三位山崎富荣。1947年，太宰治在三鹰车站附近的乌冬面馆喝酒，结识了这位理发师。山崎受过良好教育，面容中透着一股冷艳。她的父亲是东京美容美发学校的创立者，她本人战后凭一手高超的美发技术赚了许多钱，正待去银座开新店，不期遇上太宰治。

山崎富荣感应力超强，随着交往加深，她显然了解太宰治的过往史，洞察了他最脆弱的部分。当两人自尽时，采用了另一种方式，她用一根长长的红色衣带，将自己与太宰治紧紧拴在一起。

扎绳时的心境，旁人无法揣测。太宰治没有拒绝，拒绝就不像男人了，也许还心存侥幸。但这次他面对的是一个成长于战后，见过世面，有决绝之心的女子！

1948年6月13日深夜，两人相互捆绑，投入玉川上水。6月19日，两人的尸体被发现。那天正是太宰治三十九岁生日。

在投水的堤岸上，中畑庆吉看到以手撑地阻止滑落的清晰痕迹。面临死亡时，求生的本能再度掠过太宰治心头。可惜结局不同，他毕竟麻醉药成瘾，身体虚弱，最关键的是还被衣带捆着。

太宰治像是把死亡看作一种生命体验，只想无限接近死亡，而不要真正死去。但是，山崎富荣却怀着一颗"成全"之心，毅然决然用奋不顾身的爱把生命之门给他关上了。

这是日本女性特有的"献身"精神。在她们看来，最好的爱和鼓励就是牺牲一切"成全"你！这种"成全"的决心甚至比你还大！即使发现你的软弱和背叛，仍义无反顾、毅然决然！

可见，日本女性虽表面顺从，却不可随意"拨弄"。你要有物质和精神两方面过硬的实力。否则，不一定谁玩谁。

再说太宰治的正妻津岛美知子，她出身名门，比另外三位更具学识。被评价为知性、包容、充满理性。她欣赏并支持太宰治以"女性独白体"写作，为他提供可以专心创作的生活环境，太宰治也因这场婚姻变得阳光，创作出一批气定神闲的佳作。

而最终结果，竟是自己的丈夫与别的女子"殉情"。太宰治在遗书中写道："美知子，我比任何人都要爱你……"

山崎富荣的"正式遗书"第一句则是："我一个人幸福地死去，对不起。"

肯和太宰治一起殉情的女性，她们身上具备电影《千年女优》中藤原千代子同样的特质，"喜欢追寻着那个人的自己"。

战争刚结束时，太宰治的内心曾一度重燃热情，此后又感到幻灭，也许觉得日本没救了吧？他一心只想着自己的苦闷，完全没意识到许多人即使对前途不抱希望，仍决意勇敢地活下去！即便不能像个人一样活着，但只要活下去就会有好事发生。

女性意识的发展，与经济发展水平密切相连。战后五年，民主体制虽然建立，但政治上却处于纷乱状态，未能形成有效的政党制衡，经济上更是缺乏发展动力，停滞不前。

"无赖派"作家坂口安吾，战后初期发表散文《论堕落》。其中写道："我们可不可以说神风英雄只不过是场幻梦？可不可以说人类历史开始于我们走进黑市？我们只不过回归到人类的本性，人类走向堕落——忠心耿耿之士和圣洁的女性也走向堕落。"

"堕落"指的是人要恢复本来面目。战败后，统制日本的一切虚伪假面走向崩溃，坂口安吾认为这对人类、对文化是有益的。社会上许多原先适用的规则和价值体系被推翻，这未尝不是新的开始所需要的阵痛。

从明治维新起，近百年的建设毁于一旦，可日本在此期间培养出的科技人才却源源不断，生生不息！拥有高学历、高素质的人口比例仍为亚洲第一。

只要外界有一个推动力，经济自会腾空而起！

注解：

①麦克阿瑟：美国军事家、政治家。1880年出生，1899年考入西点军校，第一次世界大战期间晋升为上校并前往法国参战，后担任"彩虹师"师长。1919年，被任命为西点军校校长。第二次世界大战期间历任美国远东军司令，西南太平洋战区盟军司令，被授予陆军五星上将。第二次世界大战后出任驻日盟军最高司令、对日本实行一系列改革。朝鲜战争爆发后，他策划实施仁川登陆，出任"联合国军"总司令。1952年，他参加美国共和党总统初选，未胜出。1964年，麦克阿瑟因胆结石去世。日本首相吉田茂评价："麦克阿瑟将军为我国利益所做的贡献是历史上的一个奇迹。"

②石原慎太郎：日本右翼保守政治人物，小说家、画家。1932年出生，1956年发表小说《太阳的季节》，获芥川文学奖，在文坛引发争论。1968年当选参议员。1999年起，连续四次当选东京都知事。2012年组建"太阳党"。2014年宣布退出政界。

③倾斜生产方式：又称"重点生产方式"。第二次世界大战后日本在经济恢复时期实行的产业政策。由东京大学教授有泽广巳向吉田政府提出。内容包括：在资金和原料紧张的情况下，将有限的资金优先用于增产煤炭，再用生产出的煤炭供应钢铁业。凭借煤炭和钢铁两行业的相互促进带动电力、化肥、造船、纺织等产业发展，刺激经济复苏。政府专门设立"复兴金融公库"发行债券。这是典型的投资拉动型经济模式，明显带有战前国家强力干预经济的烙印。

④道奇计划：第二次世界大战后初期，美国占领军为稳定日本经济，于1949年由占领军财政顾问、底特律银行家道奇提出的计划。该计划将日本的汇率固定在1美元兑换360日元。针对庞大的财政赤字，道奇制定了"均衡预算案"，停止"复兴金融公库"运作。在此基础上进行税收体制改革，开源节流，实行抑制总供给的政策。计划实施后，日本货币和物价趋于稳定。但是由于内需不足，出口也未明显增长，日本经济萧条的局面未有改观。

第三章 1950—1970 追求婚姻自由

进入20世纪50年代，日本迅速走出战败阴影，女性的物质生活得到大幅改善，回归到安稳的家庭之中。在父权家庭长大的一代男女，热烈向往自由恋爱的婚姻，并付诸实践。

把握发展良机

就在日本经济目无方向，民怨沸腾之际，1950年6月25日，朝鲜战争爆发！这场旷日持久的战争给半岛上的两国造成了难以弥合的伤痕，周边大国纷纷卷入其中，几十个国家参战，几乎没有国家受益。唯一的例外日本，迎来了千载难逢的良机！

战争爆发后，大批驻日美军奔赴朝鲜半岛。麦克阿瑟出任联合国军总司令，他的离去使日本在政治上更加自主，经济上的好处滚滚而来！

美国人上战场需要丰富的物资，得有口香糖、冰淇淋伺候，圣诞节要收礼物，感恩节要吃火鸡。他们的花销，一个顶十几个。从哪里采购最方便？当然是日本。时任首相吉田茂曾说："朝鲜战争是'上帝赐予的礼物！'"

从1950年6月起，随着纷飞的战火愈烧愈烈，美军对日本的物资和劳务需求急剧攀升！日本成了军需兵工厂和后勤供给基地。物理学家牛顿曾说："宇宙创立之后，它是怎么运转起来的呢？是上帝之手给了它第一推动力。"

同样，朝鲜战争为日本经济复苏提供了第一推动力！战争特需从天而降！美军直接对日本企业抛出大批订单，外需被疯狂拉动！原先濒临倒闭的工厂，现在加紧生产才能满足前线的需求，工人待遇随之提高。徘徊街头的失业大军明显减少。

相比政治权力和意识形态宽松，经济形势的好转对提高女性意识的作用更加明显。

1950年8月15日，终战五周年纪念日，日本报纸登出了醒目标题："再见了，靠典当过活的日子！"同年9月，日本废除了衣料配给制。随着钱袋充盈，敢于下馆子吃饭的家庭多了起来。

饱暖之后，女性恢复了对审美的关注。一本杂志的复刊，引发时髦女性一阵骚动。

该刊1937年创立于银座，起初只是企业内刊，介绍新式装扮、欧美流行、新锐文学，以及美食和艺术。因设计新潮、摩登，内容时尚、高雅，颇受女性青睐。它有个很富情调的名字《花椿》。

但是，《花椿》在1940年这个不需要美的年代停刊，这一停便是十年。1950年，《花椿》东山再起，重新引领女性风尚。复刊首期封面是女星香川京子，彰显昭和美人婉约之风。

刊物确立"完美尊贵、最高品质"的格调。希望女人拥有好看的皮囊，更兼有趣的灵魂，塑造独特的东方韵味、不拘一格的玩乐态度和无限可能性。这使它超越了企业内刊的标准，成为商业与文化融合的典范。

赶时髦、讲品位的女性，在资生堂Parlour喝下午茶，一边品尝白兰地蛋糕和冰淇淋，一边翻阅杂志。该刊发行量一度达到680万册。时至今日，《花椿》发行中文版，一本杂志美了八十多年……

同年，首届日本小姐选美大赛开始举办。日本已被欧美文化浸染五年，活动本身不足为奇，但动机耐人寻味。

战争刚结束时，许多儿童营养不良。美国"亚洲援助公认团体"提供了大量脱脂奶粉、食物和衣服。于是，政府决定选拔女性"日美亲善大使"，向美国民众表达感谢。遂由《读卖新闻》主办，举办首届"日本小姐选拔赛"。

如此一来，选美大赛和感谢美国"巧妙"结合到一起，政客将女性物化用来献媚的老毛病又犯了。

不论动机如何，活动本身能给脱离战争的民众带来一丝抚平伤痕的安慰，应征者近七百人。战败后，日本女性审美观趋向欧美化。浓眉大眼、五官轮廓更突出的女性颇受青睐。首届冠军"昭和美人"山本富士子就是其中代表。她此前曾去银行接受入职考试，但未被录用。银行给出的理由是：能力上完全没问题，但公司担心她的美貌会使男职员无法安心工作，所以未被录用。

大美无言，当她在评委面前亮相时，顾影斐回，竦动左右，无不惊叹！她圆润的脸庞、高耸的鼻梁，兼有欧美女性之神韵，成为日本女性美的"代言"。

选美出道后，富士子成为著名影星。除了美貌，她身上还体现出战后女性对自由人生的渴望。1963年,她与所属电影公司发生合同纠纷。富士子提出兼顾公司与个人发展的条件未被接受。于是,富士子希望合同期满后成为自由人。公司社长不但威胁要将她解雇,还联合同业让她不再有片约。这对一个演员是毁灭性的打击。

然而,富士子毅然召开记者会,发表宣言:"即使因此我再也不能出演电影,那也是没办法的事。但我要坚持自己的立场,我认为那样做,我的人生才有意义,我才能称得上是一个人。"

这起事件甚至提交国会讨论,被民众斥责为"侵犯人权"。

此后,遭到解雇的富士子继续活跃在电视圈,而解雇她的公司几年后就倒闭了。

首届选美大赛后,并未再次举办,直到1968年才恢复。其间还遭到了外界质疑。女性主义者批评选拔标准存在错误引导,传达有潜在问题的价值观。

依当时标准,"参赛者必须在十八岁至二十五岁之间,未婚未育的日本籍女性"。批评者认为,年龄和未婚限制带有歧视,暗示美丽女性再多,也只有年轻女性才是美人,美丽会随年龄增长而消失。"健康且性格开朗的女性"这个标准,暗示残障女性身上的美不易受到关注。

尽管大赛宣称,选择标准多元化。实际上,绝大多数评委仍以女性外貌作为判断依据,以此排定名次。完全体现了男性社会将女性物化、从属化的特征。国际选美何尝不是如此。1959年,二十二岁的职业模特儿岛明子,成为首位当选"环球小姐"冠军的日本女性。

战后，日本社会对女性的物化长期存在，商业领域尤为明显，许多女性在配合中受益。1950年，一家公司为宣传新式泳衣，让五名女模特穿上泳装，在玻璃橱窗内进行展示。模特们的神情举止，反倒比注视她们的人群来得自然。

社会对女性的西化之风，还存在很多不适应。1950年，出演过电影《望乡》的著名影星田中绢代，作为日美友好使节在美留居，归国时她衣着花哨，给周围人献上飞吻，这一举动立即遭到舆论的猛烈抨击，让她一度无戏可拍，险些断送职业生涯。直至两年后，田中绢代主演的《西鹤一代女》在威尼斯国际电影节上获奖，她才得以重返影坛。

享受生活恩惠

1951年，日本经济恢复到了战前水平，隔岸观火不仅获得经济好处，政治上还帮日本解套。朝鲜战争影响了东北亚的安全格局，为抵御所谓"共产势力威胁"，美国改变了对日策略。

作为战败国，日本只是接受了《波茨坦公告》，还没有跟战胜国实现关系正常化。1951年9月，日本签署《旧金山合约》，该条约使日本实现了与西方世界单方面媾和。日本成为美国的盟友，外部安全环境得以改善。

到1953年，朝鲜战争结束时，日本战后重建基本完成，个人收入恢复到战前水平。经济好转和外部局势稳定，又促进了日本国内政治的整合。

战后初期，日本该向何处去？存在两条路线的斗争，保守政党希望同美国合作，走资本主义道路；左翼力量，包括社会党和共产党则倾向社会主义道路。

战后十年间，左右翼政党均处于纷乱状态，引发的社会动荡持续不断，维持着一种不稳定的平衡。到了1955年，打破僵局的时刻终于来临。

1955年10月13日，日本左翼和右翼两大社会党实现合璧。左翼革新势力率先完成整合，形成一个新的更强大的社会党。

统一的社会党的出现使保守政党面临夺权危机。1955年11月15日，日本两大保守政党自由党和民主党（内含多个派别）合并成立"自由民主党"（简称"自民党"）。一个单一保守政党诞生。

日本政坛从此进入"55年体制"，左右两大党长期并存、对峙的政治格局就此拉开序幕。

在众议院，自民党约占三分之二席位，社会党约占三分之一，自民党无法修改和平宪法。许多涉及民生的法案，需政党协商才能通过。两党长期并存，相互制衡的机制，彰显了日本选民的智慧。选民们倾向于政局稳定，又不愿一党独大，就用选票催生了这样的体制。

政治体制稳定后，人们的注意力转向经济。

1955年起，日本迎来了战后第一次经济发展高潮！人们认为这是神话般的繁荣，就用第一位天皇的名号，称作"神武景气"！

生活质量的提高，使人们的精神面貌焕然一新。对女性而言，享受生活恩惠的时代开始了！

战后，欧美文化通过报纸杂志流入日本，有代表性的是长篇漫画《布隆迪》，它曾于1930年在美国报纸连载。作品描绘了一个慵懒男职员和金发美女老婆，以及儿女们的日常生活，展现中产阶级家庭风貌。

1949年至1951年，该漫画在《朝日新闻》连载两年多，成为日本人窥见美式生活和文化的重要窗口。日本人开始把美式富裕生活当作目标。美国家庭高度的电器化、全自动厨房、宽敞的生活面积及夫妻共同承担家务等，都给日本家庭带来巨大的异文化冲击，牢牢抓住了日本人的心。

日本兴起购买家电的风潮，主妇们口中念叨的不再是粮食价格，而是你家是否有能力购买电冰箱、洗衣机、黑白电视这"三件神器"！高级家电成为身份和地位的象征。

人们相互攀比，哪怕先入手一件也好，就算是借钱或分期付款也要买，否则就没面子！

民众你争我抢购买电视，日本商家则趁机抬价。百姓的腰包越来越瘪，眼看即将消费不起。于是，主妇们联合行动拒绝购买，才坚持一个星期，商家便承受不住，纷纷降价。

世间没有什么权益不需要争取就能得来。为了提高生活质量，女性开始养成与奸商斗法的习惯。

"三件神器"中电冰箱最受青睐，"冰爽"感正符合喜好冷食的日本人。商家投放的广告也很特别，家庭需要的东西，欧美的广告对象往往指向主妇，而日本广告则反其道而行之。

1956年，电冰箱广告这样说："爸爸！啤酒！请您赶快回家。可爱的宝宝和温柔的妻子，松下电冰箱里冰镇啤酒等着你呢！"

也就是说，冰箱的最大作用是为男性冰镇啤酒。男人看到广告后脑补如此画面：劳累一天的我辛苦赶回家，妻子跪坐身旁，孩子围在桌边，陪着笑容一杯杯斟酒，自己喝着冰镇啤酒忘却了一天的烦恼。

广告明显以男性为中心，妻子和孩子竟成了冰箱的"陪衬"。男性看得开心了自然愿意掏钱。一切都是那么温馨、和谐，冰箱销量猛增！

随着家电进入千家万户，女性的生活负担减轻，每个人的脸上都透着喜悦。孩子们的游戏也不再是打仗，而是过家家之类的，呼啦圈还风靡了一阵。

全民皆婚社会

20世纪50年代中期以后,日本女性的生活趋于稳定,一个重要标志是适龄结婚率提高。战前,日本男性婚姻状况堪忧,城市里聚集着大批光棍,催生了妓院的繁荣。而"有本事"的男人则在老婆之外,包养三妻四妾。

经济高速发展后,日本逐渐达到几乎百分之百的男人都能找到老婆,进入所谓的"全民皆婚社会"。很少有人提及"大龄剩女"这个概念。

可是,这种社会对女人意味着什么呢?那是女人被强迫结婚的年代,很少有不结婚这个选择。婚姻被称作女人的"永久就职",用来决定女人的一生。女人的幸福是要好好地拥有一个家庭,这成为不用过多考虑其意义的社会规范。

到了二十二岁至二十四岁，女性会面临社会压力，在此年龄段集中结婚。二十五岁至二十九岁的女性未婚率在 20% 以下。人们把二十五岁还未结婚的女性称作"圣诞蛋糕"，如果在 12 月 25 日之前没吃掉，便会被扔进垃圾桶。人们把三十一岁不曾出阁的女性称作"除夕面条"。荞麦面是日本传统的除夕食品，如果 12 月 31 日晚前还没人动，则不免遭到丢弃的下场。

女人有两种价值，一种是女性自身的价值，靠自己挣来的，另一种是被他人（男人）赋予的。后者的价值被认为高于前者。结婚是女人被男人选上的登记证。没结婚的女人被称作"败犬"，便是这种意识。

与此相对，在结婚只是女性选择之一的社会，女人的结婚率会降低，离婚率会上升。这意味着，女人有了除"永久就职"以外的其他选择。

20 世纪 50 年代中后期，随着美国对日本政府放松管控，女子教育观有回归传统的趋势。由"男女同等同质"转回了基于性别分工的"新贤妻良母主义"。要求男人献身工作，女人作为家庭主妇"生产未来的劳动力，为男人休息提供服务"。不过，"贤妻良母"也被赋予新的含义，主妇拥有家庭的管理权，对家庭消费、居住环境、子女教育、交际等问题有相当大的决定权。因此，妻子要有敏锐的洞察力、优良的个性和必要的知识。

此时结婚的主要途径依旧是传统的相亲。婚姻并非两个人的事，而是关乎两个家族。这种观念与旧传统的延续有关，根据 1896 年制定的旧民法，家庭以户主（男性）为核心，受户主支配，家庭成员是属于一个户籍的家族集团，通过长子继承家业延续。

旧民法规定，家庭成员结婚需要户主同意。虽然该制度在新民法修订时被废除，但是其影响长期存在。

当时女孩的婚事通常由父亲做主，母亲及长兄参与。以巩固家族势力和生育为首要，将家族联姻和利益勾连放在首位。有条件的家庭为了结婚还要进行身份调查、健康确认，感情并非首要因素。

1958年的电影《彼岸花》（山本富士子参演），体现着那段时期两代人的婚姻观。影片中，父亲身为社长，对自己的包办婚姻有过反思，也看到了时代在发展。面对亲戚和朋友的女儿自己找男友，他的态度似乎比较开明。可是，一旦得知自己女儿有了心仪的对象，他便明确反对，甚至露骨地问："你没和那男的睡吧？"这让受过良好教育的女儿非常尴尬。影片中，母亲暗中支持女儿的方式，也很符合那个时代。

父母想要门当户对，给女儿平顺的婚姻，就像秋刀鱼之味，有点咸、有点苦，却也是美味。

相比女性意识的崛起，传统观念依然根深蒂固。一边是女性追求恋爱自由，一边是父母坚持相亲结婚。就算自己找对象，也要争得父亲同意，婚事才可成立。这期间，还发生过一个令人遗憾的悲剧。

末代皇帝溥仪的弟弟溥杰，1950年后曾被关押在抚顺。他在伪满洲国时期和日本华族嵯峨浩结婚，育有两女。1955年，身在日本的长女慧生思念父亲，争取到与父亲通信的自由。后来，慧生与同学大久保相恋，希望成婚。母亲作为华族，自己的婚姻就是别人安排好一切。她坚持先要溥杰点头，女儿才能出嫁。于是，慧生满怀希望地给父亲写信，告知详情，盼望父亲能够同意。谁知，溥杰此时心态非常消极，觉得自己身在狱中，没有权利决定女儿婚事，回信内容不置可否。

1957年，失望至极的慧生与深爱的恋人在天成山双双殉情。这是自由恋爱与传统婚姻观碰撞的一个缩影。此后，嵯峨浩写了一本很有名的自传《流浪的王妃》。

相亲制度像被"明码标价"、被规则束缚的市场，自由度比较小，好处是每个人都能得到一点"实惠"，男女青年见上两面，便谈婚论嫁。新民法规定，结婚后要设立新户籍，但是丈夫通常是户主，90%以上的女性在婚后改称丈夫的姓氏，至今依然如此。

组成家庭以后，"男主外，女主内"是当然分工。如果男性一人的收入即可养活全家，女性多会选择婚后辞职。经济上不独立，造成地位不平等。

丈夫在外努力打拼，妻子在家相夫教子。即使丈夫脾气不好，妻子也从不抱怨，反而尽一切力量服侍丈夫，这依然被看作是普遍的妇德。主妇一般7点半起床，一直忙碌到晚上。一年当中，过年过节的时候，丈夫吃完饭一抹嘴，如果能夸奖一句"饭菜做得还不错嘛"，妻子则会感动得热泪盈眶。

丈夫出门和归家时，夫妻间都有规范言行。比如，丈夫说："我出门了。"妻子说："慢走。"丈夫进门说："我回来了。"妻子不管在忙什么，都要迎上去接过皮包，帮他更衣。伴随的对话是："您回来啦，累了吧？""有点儿。""辛苦了。"

如此标准话述，更像是一种仪式，刚开始是装样子，别人妻子都在装，自己也得这样，不装就是另类。后来成了习惯，再后来变为人情。你在外辛苦一天,我表示一下关心,没有反而觉得冷清,到家感受不到温暖一样。妻子还会察言观色,探究丈夫在外的表现。

随着结婚率上升,1958年,日本政府制定"卖春禁令",性买卖被视为非法。但是,法律只处罚卖淫组织者,对卖淫和嫖娼者则处罚轻微,加之许多妻子对丈夫出去买春仍持宽容态度,因此私底下的性交易一刻没停,色情杂志也层出不穷。20世纪50年代,女性堕胎次数达到高峰,每年超过一百万宗。这源于1948年实行的堕胎合法化,政府希望以此控制生育。

到20世纪60年代中期,日本适龄结婚率几乎达到100%,之后便呈下降趋势,"全民皆婚"时代并未持续太久。

忘我的热情

就全社会而言，物质生活提高后，并未带动女性意识大幅提升，女性意识反而没有战后初期那般活跃。动荡的岁月太久，寻求稳定的生活成为民众的普遍追求。婚后仍出去工作的女性，一般都是家庭条件不宽裕，但凡达到中产水平，女性都会待在家相夫教子。

20世纪50年代中后期，随着经济发展进入快车道，男人们在事业上打拼，女性意识处于积累阶段。

日本人以忘我的热情投入工作，只需很少工资就能为公司卖命，被媒体形容为"企业战士""经济动物"，为公司奉献自己的人生，甚至抽不出时间享受生活。

像电影《东京物语》里描述的，父母从乡下到东京看望儿女，两个儿女都没时间陪伴长辈，只好凑钱让父母去泡温泉。

一台精密仪器，需要经常加油和维修保养，假如让它一直持续运转，那结局必定是仪器被烧坏。可是，许多日本人不论周末还是节假，都把时间贡献出来，拼命为公司干活。某位青年星期天去给科长帮忙，只因科长曾在大家面前夸奖过他，说他一年没有休息一天，于是他更加欲罢不能。在日本职场，被上司当众表扬往往是升职的前兆。

日本人被形容为即使怀抱木头睡觉，也不妨碍星期天加班。宁可牺牲生活中的其他因素，也要设法搞到钱。

日本实行工龄津贴和终身雇佣制。公司聚会时，座次及唱歌的顺序完全按照地位高低和贡献大小排定，依此轮流点歌，毫无乐趣可言。许多青年总是另搞一次聚会来娱乐一下。

就像一个笑话里讲的，国际客轮夜遇海难，如何劝说男人们跳海呢？对英国人说："是绅士就跳！"对德国人说："这是船长的命令。"对意大利人说："别跳。"对美国人说："你们上了保险。"对日本人不用绕弯子，只要说："大家一起跳！"

集团性驱使所有人向一个方向奔进，却忘记了人应该怎样生活。男人的眼光，只盯着跟自己同期到公司的人，彼此暗中较劲。为异化竞争而身心憔悴，人生责任毁灭了人欲。

男人眼中所谓的幸福，无非是比别人早一步当上股长、科长、部长，从而神气一番，耀武扬威。女人眼中的幸福就是帮助丈夫早日实现升职这个目标，从而让自己也有面子。有地位、有光彩、威风十足，就是那时日本人梦寐以求的幸福。

这个时期，对女性来说，虽然时代在变，但依附式生存的本质没有改变。女性实现阶层上升的机会，主要是通过教育和婚姻。

战前接受高等教育的女性比例很低。20世纪50年代兴起了女子短期大学，学制两年，毕业即可获取大学文凭，学费较低，普通家庭也能负担。短期大学以教授职业知识和培养实际技能为主，课程根据社会需求灵活调整，如家政专业，开设家庭经济、生活、食品、营养、服饰、设计、看护、儿童心理等课程，深受家长的欢迎。

家长让女儿上大学的目的，就是以此提升修养，嫁到更好的人家。20世纪五六十年代，短期大学以培养家庭主妇和短期劳动者为主，因此又称"新娘学校"。短期大学遍及中小城市，发展绵延至今，成为战后女子高等教育的典型代表。

为了改变命运，除了正常的恋爱结婚，女性依然用身体做着各种交易。1963年上映的黑白电影《日本昆虫记》，从侧面诠释出日本战前和战后，两代女性对生活的态度、对性的态度。战前，出身农家的女孩松木，几番努力却依然要靠出卖肉体改善生活。人到中年后，她在男客的资助下，当了妈妈桑。松木一心想让女儿幸子有更好的出路，成长于战后的幸子也很有想法，希望创办农场致富。但影片结尾，幸子开着那辆出卖身体换来的推土机，让人看清女性命运的本质。

即便如此，改变仍在继续。在父权家庭长大的一代男女，热烈向往自由恋爱的婚姻，并付诸实践。20世纪60年代末期，在男女择偶行为中，爱情婚姻的比例首次超过相亲结婚。

可是，这样就能确保幸福吗？明明是因为爱情结合到一起，但随着热恋结束，婚姻的现实一步步浮出水面。许多女性婚后发现，自己爱上的就是眼前这个"外星人"吗？不少妻子怀着一种萧索落寞的心情望着饭桌对面的丈夫。

皇太子选妃

成长于战后的年轻人，憧憬自由的恋爱，那天皇一家人呢？

战后，日本依然保留着天皇，随着天皇家族权威的消失，皇室与民众的距离逐渐拉近。皇室逐渐成为人们生活中的谈资。

当时，皇太子明仁的婚姻牵动了许多百姓的心。因为此时，他正与一位平民女子相恋，这个出格举动，打破了日本上千年来贵族只与贵族通婚的传统。

战前，皇太子选妃都局限于皇族和华族之间，而这位皇太子却爱上了"平民"的女儿正田美智子。

这还得从两人刚认识的时候说起。1957年8月，当时的皇太子明仁和大学刚毕业的美智子不约而同地来到久负盛名的旅游胜地轻井泽，参加当地举行的网球赛。

美智子的父亲是大企业"日清制粉"的老板,"制粉"就是生产面粉,属于永远不会倒闭的企业。家族中人才辈出,属于超级富二代。美智子受过良好教育,更有非同一般的美貌。她的老师评价,美智子唯一的缺点就是没有缺点。

比赛进入第三轮,美智子与皇太子明仁恰巧被编在一组。负方将不得进入下一轮,在场的少女们都齐声为皇太子加油!

明仁是个网球迷,经常打比赛,从未输过,他认为对面那个女孩不可能抵挡住他的进攻。然而事与愿违,美智子有股不服输的劲儿,尽管明仁超水平发挥,打出许多漂亮的抽球,美智子却毫不示弱,紧紧咬住,奋力救起每一次险球。

她细心观察,发现明仁上网功夫不佳,机智地调整战术,采用长拉短调的打法,使明仁乱了阵脚。比赛足足进行了两小时,最终明仁输给了美智子。

输了球的明仁却非常开心,他对美智子一见钟情,更钦佩她坚韧的毅力和机智勇敢的精神。

几天后,他托朋友带话,邀请美智子参加舞会,在舞会上向她表达敬意,并约她一起打网球。此后,两人经常在球场碰面,渐渐培养起深厚的感情。

皇太子冲破传统,主动贴近一位"平民"的女儿,日本媒体自然趋之若鹜,跟踪报道。

在一般人眼中,美智子的出身已好到极致,但与皇室相比,她仍属于平民。两人的关系早就传到了皇室,平民与贵族之间不能通婚,是一条无法逾越的底线。

在明仁母亲良子皇后看来,儿子玩玩可以,结婚则另当别论。

负责皇室事务的宫内厅也不赞成，甚至有人说："如果靠打网球就能当太子妃，这跟在大街上随便乱拉一个女子有何不同？"

但是，明仁却坚持己见，在结婚问题上，他已经屡屡受挫。先前宫内厅考虑的华族内部女性，条件好的都已嫁人，剩下的听说皇太子要选妃，唯恐避之不及，连华族小学女生都进入了媒体视野。

这从侧面表明，日本取消了华族阶层后，权力与女性之间的"交易"随着天皇权力的丧失而减退。优质女性家庭不愿再主动攀附，利用女性去接近虚无的权力。

明仁曾懊恼地说："我这辈子，难道不能结婚了吗？"这次遇上美智子，明仁眼前一亮，抓住不肯放手。

最后，还是明仁的父亲，昭和天皇比较开通，他大概明白这件事对战后王室的益处，于是表明态度："只要皇太子喜欢，平民出身也无妨。"反对意见才被压了下去。

但是，进入皇室绝非如此简单，平民与皇室的鸿沟客观存在，发布婚约那天，果然出事了。

当天，美智子身穿象牙色礼服，头戴白色圆帽，手臂上挂着一条貂皮围巾，就去会见记者。没想到，电视上刚开始转播，"手套太短了"的批评，就不绝于耳。"看吧，到底是从下面上来的呀，应该戴遮住手肘的长手套！""真是，连这点规矩都不懂！"

美智子戴的是短手套，她的手肘露了出来。指责电话纷纷打到正田家和宫内厅，正田家急忙赶到东宫去赔礼道歉。

日本的每位皇族成员都有自己的徽记，给美智子选择徽记时，明仁提议用"白桦"来纪念两人的爱情，但母亲偏偏坚持用"野菊",最后在明仁坚持下,还是选用了"白桦"。

美智子如果早知道这些,是否会后悔自己当初打球过于认真。

对于皇室迎娶平民的这场婚姻,日本民众报以极大的热情,支持率高达87%!当时的岸信介政府操办了隆重的婚礼。

1959年4月,平民女性嫁入皇室的故事,终于变成现实。这对新人终成眷属,得到了大多数日本人的祝福。

婚礼当天,五十万民众走上街头,那场面"锣鼓喧天,鞭炮齐鸣,彩旗招展,人山人海",不少民众为了观看婚礼而抛弃黑白电视购买彩电。年轻姑娘更是掀起打网球热潮!

明仁做了一次自由恋爱的示范,在美智子身上,很多女性找到了自己婚姻的理想状态,但真是这样吗?

沉默的王妃

"一入宫门深似海",太子妃显然还不知深浅,日本人有强烈的"圈子"意识,圈内的人抱成一团,圈外的人遭受排挤。

在宫中,平民身份就她一人,其余家庭成员都是皇族,以及皇族的眼线。

陪同明仁参观展览时,美智子多问了几个问题,便遭到"目无殿下,爱管闲事"的批评。陪同皇后听讲时,问得细了一点,女官就来指责:"在皇后面前,少充内行。"类似的事不胜枚举。

对此,美智子只好忍气吞声。在一次私下谈话中她说:"既有艰难也有委屈,总希望能习惯又非常难适应,有时甚至感到周围的空气都快窒息了。"

所幸的是,夫妻俩感情很好,命运对她特意垂青。婚后第二年,美智子生下长子德仁。

一举得男,风光无限!当天清晨,她抱着婴儿坐上汽车,正欲离开医院,大批记者蜂拥而至。美智子配合地摇下车窗,让记者拍了些照片,迅速登上各报头条。

这事捅了大娄子,良子皇后极为不悦。这位贵族出身的皇后还没进宫时,就有人说她生不出孩子。进宫之后良子倒是生了,一连四个女儿。大臣们当时甚至撺掇昭和天皇纳妃!直到第五胎,才生下明仁。前后用时十三年。

你这么高调,是在向我炫耀吗?儿子成家了,"有了竖着抱的,忘了横着抱的"?

对此,女官们更有话说了:"毕竟是平民出身,什么规矩都不懂,你以为那是你的儿子?要是把未来的天皇冻着,你担当得起吗?"

翻开当年的报纸就会发现,眼神温婉的美智子,抱着刚出生的德仁,旁边一位中年女官正用阴冷的眼神斜视着她。此人就是皇后的亲信牧野纯子,相当于日本版"容嬷嬷"。

电视剧里的"容嬷嬷"未必出身高贵,但日本皇宫中的女官,却都系出名门,辈分又高。牧野见到美智子第一句话便是:"我不是为平民的妃子来任职的。"这话确实太嚣张了。皇宫中谁都可以来指责美智子,甚至长时间训话。

宫中还上演着借刀杀人的戏码,此后美智子流产、住院、隔离疗养,还把肋骨割掉一根。就连吃饭也有一帮人盯着,她经常吃到一半就放下筷子,美智子的体态从丰润健康变得骨瘦如柴,疾病缠身。

作为女官长的牧野纯子,在她身边形影不离,"照顾"十年。

这期间,丈夫明仁也挺身护妻,甚至下过死命令,可"容嬷嬷"阳奉阴违。久而久之,美智子只肯与一人说话,就是自己的丈夫,最后美智子还患了失语症。活泼少女变成和哑巴一样。

直到这时,她才意识到,自己只是皇家的生育机器。

不过,如果你觉得美智子是个软柿子,那就错了。从进入皇宫开始,美智子就知道,自己需要获得民心。

1960年,为反对日美《安保条约》,大批青年上街游行,冲突不断。首相岸信介想让明仁夫妇访美。可是,美智子刚生完孩子,身体还很虚弱,但她立刻调养好身体,毅然随皇太子出行。

此次访美,大获成功!民众的目光都集中在太子妃身上。她容姿美丽、举止优雅、英文流利,给美国人留下非常好的印象。她登上《时代周刊》封面,报纸称她是"昔日磨坊女,今日太子妃"。美智子可谓立了大功,给皇家长了脸!

趁着势头,美智子立马提出要求:自己带娃。

日本皇室有一条严酷规定,不管谁生孩子,都要交给奶妈抚养。这条规定极具权谋,因为儒家思想讲究"子不臣母"。日本也尊崇儒家思想,如果孩子从小跟母亲建立深厚感情,将来可能会出现"母后干政"。

可是现在,皇室早已失去实权,这条规定理应废除。但是,号称亚洲"最保守"的日本皇室,仍然认为这条规定有必要遵行。

经过持久的斗争,宫内厅终于同意美智子自己喂奶,自己带娃。延续了数百年的"乳母制"被废除了。

紧接着,美智子要求拥有厨房自己做饭。这在皇室从无先例,也让她争取下来。成为两千多年来,第一位拥有厨房的太子妃。

美智子生下两男一女,对他们像普通孩子一样严格要求,不让他们存在优越感,并对皇室的一些陈规陋习进行了改革。

尽管如此,美智子在皇室的地位,并未有根本的改善。

她身上集中体现了日本女性的坚强和隐忍。可这又有什么用呢?最美好的年华早已埋没在了深宫之中……

二等战斗力

1956年后,随着经济恢复期结束,日本进入以现代化为中心的经济增长期。1957年,由于投资过大导致国际收支失衡,经历了短暂的"锅底大萧条"。1958年起,日本出现了被称为"岩户景气"(意即开天辟地以来的繁荣)的第二波经济发展高潮!经济再次高速增长。

随着生活水平的提高,女性的审美发生变化,西方女性的吊带裙在日本悄然流行。但是,依然保守的社会风气,让吊带裙既不能穿出去,又不方便在男人面前展示。

1957年至1959年间,"大众浴池里穿吊带裙"的女性引发热议。当时,许多女性洗完澡后,在更衣室换上各式各样颜色鲜艳、装饰华丽的吊带裙。传统浴衣和宽松内衣被性感迷人的吊带裙所取代。

在男人免进的女性浴池，花边和蕾丝装点出一个女性的天堂，每个人似乎都成了公主。一位少女这样解释："我用印有花朵图案的布自制吊带裙，只有自己欣赏太可惜了。于是，我跑去浴池洗澡，实际是展示吊带裙，大众浴池就是我的时装秀场。"

20世纪60年代，也是教育急速普及的时代。许多学校由男女分校，改为男女合校。战后"婴儿潮一代"出生的孩子，如雪崩一般涌入高中和大学，一场战后最大规模的社会运动正等着他们。

1960年，是日本历史上具有转折意义的一年。日本社会经历了《安保条约》的考验，时任首相岸信介要与美国改订并续签《安保条约》，把美国对日本的军事保护长期固定下来。今天遍布日本的美军基地，就是该条约留下的产物。

这种丧失主权的决定，使民族主义情绪再次高涨。反对最激烈的自然是青年，男女学生一起上街游行。运动中，警察与学生面面相觑，对峙中他们仍会露出微笑与学生低声交谈。但只要一声令下，警察会立即扑向学生，挥舞警棍猛击学生头部。这种变化是日本人的特技，"犬"不仅是供人赏玩的动物，也是深受武士尊崇的榜样。

短兵相接敌不过，男生就向警察扔石块，女生体力不够，石块扔不远，只能作为"二等战斗力"在后方承担搬运任务，扮演的角色不过是给男生们提供慰藉，甚至包括性服务。

女生们把那些满怀理想、追求公平正义的男生，看作是自己的"同志"，结果却只被他们当作"女人"。这还不算，男生们扔石块，被抓走的却是大部分跑得慢的女生。

某次机场游行，有个女生被打倒在地，浑身是血，五六个警察围着她打。衣服破了，乳房都露了出来。警察们押着她，她大声哭喊，结果嘴里还被塞进一根警棍！

那个时刻，男生们，你们在哪？

日本20世纪70年代的女性运动，便是从左翼学潮中的女生们对"本应是志同道合"的男生们的失望与反叛开始的。

女性卷入街头政治，很容易成为牺牲品。参加示威的东京大学学生领袖桦美智子在冲突中"意外"身亡，将"安保斗争"推向高潮！示威组织者试图借此扩大事态。

1960年6月19日，新《安保条约》自动生效，岸信介随即下台，人们的生活迅速恢复正常。日本能挺过"安保斗争"的主要原因是迅速发展的经济。

消费为美德

经过 1960 年的动荡和创伤，自民党与在野势力两败俱伤。此后，折中与妥协的政治氛围开始累积，维权运动的斗争方式更趋温和与多样化。

1960 年 7 月，池田勇人出任新首相，内阁成立时，曾任长崎市市立高等女校教师的中山真佐子出任厚生大臣，这是日本首次出现女性内阁成员，改写了内阁清一色由男性主宰的历史。

虽然她的任期仅维持了短短四个多月，也不排除政治作秀的意味，但这为提升女性参政水平迈出了坚实的一步。

在就职记者会上，更吸引眼球的是池田首相披露的一项重大国策——"所得倍增计划"。即在今后十年内，让国民大众的实际收入增加一倍。这里最大的亮点是国民整体收入增加，而不是让一部分人先富起来。池田把它列入政府计划,一定要落到实处。

该计划以社会保障、公共投资及减税三项为基本。目标之一是解决收入分化问题,政府引入"最低工资制",扩展社会保障计划,完善养老保险金,提高健康保险付给率。以此消除生产力水平和人民生活水平之间的差距,努力增加农民收入。计划将国民整体生活水平提升到不逊于各先进国家的程度。

池田还强调,要让不幸运、境遇差的人们分享社会繁荣的喜悦。战后有相当数量的家庭失去成年男性劳力,仅靠成年女性支撑整个家庭,艰难度日。小说《一碗阳春面》有这样的情节,北海道的除夕之夜,正要打烊的小拉面馆,来了一位妈妈带着两个年幼的孩子,三人只点了一碗阳春面。老板娘有意送他们三碗,老板却说:"那样会让他们难为情,失去活着的尊严,多下一份的量就好。"三人临别时,老板娘送客出门说:"祝你们过个好年!"作品体现的正是日本女性坚韧、善良的一面。20世纪90年代,该文入选中国大陆高中课本。

有鉴于此,为照顾因战争、离婚、交通事故等原因失去男性劳力的弱势家庭,1964年日本制定了《母子福利法》。该法认可此类家庭获得福利贷款、福利团体贷款,促进居家护理事业,支持母子小卖部及母子福利中心等设施的建立。

带上全体国民一同前进!"所得倍增"振奋人心!激发了国民继续追求美好生活的动力。具体目标是到1970年,国民大众的实际收入增加一倍,年均经济增长率超过7.3%,国民生产总值翻一番。

经济增长是手段,国民增收才是目的。该计划把反对党也拉了进来。因为，如果反对党拒绝配合，就得不到国民的选票！

有政府加大投资和贸易扩张的双重作用，日本经济增速很快超过预期。1961年起，年平均经济增长率维持在10.9%。这期间，虽然也出现了通货膨胀，但国民收入增长的速度超过通货膨胀的速度。消费者信心大受鼓舞，市场因此加倍繁荣。

在良好的发展态势下，旧有的"三件神器"逐渐落伍，人们开始竞相追逐"新三件神器"：汽车、彩色电视、空调，俗称"3C"（都含英文字母C）。

20世纪60年代，家庭电气化迅速普及，洗衣机、电饭煲、吸尘器的广泛使用，加工食品、速冻食品的增多，减轻了主妇们的家务负担。此时，家务内容悄然发生变化，主妇的家务时间并未减少。她们把更多时间用于育儿和教育，主妇的存在价值更为提高。

在各路家电当中，彩电销量最佳，因为东京奥运会快开始了。

1964年，东京奥运会有一个瞬间令电视机前的日本人激动不已，那就是"魔鬼教头"大松博文率领的日本女排战胜苏联女排。这位主教练在第二次世界大战期间曾加入日本陆军，任辎重兵中队长。他用近乎残酷的军事训练手法调教日本女排。比赛中，女队员绝不放弃任何机会，只要球没落地就要把它抢回来，垫击、翻滚，为救球跳进观众席也是常事。

决赛中，日本女排与苏联女排拼到最后一球，电视机前的日本人都屏住呼吸，苏联队触网犯规，日本队得分！几秒后，观众才反应过来，媒体形容那一刻，全日本的欢呼声就像经历一次"核爆"！身材高大不可一世的苏联女排，被日本女排坚忍的意志击败。

女排姑娘鼓舞了全国的士气!"东洋魔女"成了一个时代的称号,成了日本崛起的精神支柱。

1964年,日本加入经济合作与发展组织(OECD),人均国民所得达到633美元,正式成为发达国家的一员。

为筹办奥运,许多家庭院落因修路和盖场馆被拆除,不少人得到"从天而降"的大笔拆迁款,一夜暴富。AV电影、靡靡之音开始从早到晚在大街小巷泛滥,物欲横流。

成长于战后的日本青年,受美国幻觉艺术和嬉皮士运动的影响,已表现出与前辈的巨大差异。"谦让美德"和"节约"传统被池田勇人倡导的"消费为美德"所取代。

街头为之豹变

1965年,距离战后刚好二十年,与20世纪50年代相比,更多年轻人为了学习和工作离开故乡奔向大城市,并在城市结婚,家庭规模随之缩小。一对夫妇、两个孩子成为标准家庭。大多数家庭通过勤奋努力过上"小康"生活。

1964年,东京奥运会前后,彩色电视的销量提升十倍以上。当时频道数量有限,普遍观看的是NHK(日本放送协会),观众则以居家女性为主。1961年起,NHK开始播出"晨间小说连续剧",该剧作为长寿皇牌系列,至今仍在播出。

每天早8点15分起,播出15分钟,主题多为逆境中奋斗的女性的故事。为何选择这个时段?因为家庭主妇每天要早起,忙着为家人做早餐,好不容易送走丈夫和孩子,打开电视,坐下来歇口气，这时播放连续剧，收视率最高，也对女性就业起到促进作用。

1966年，围绕"化妆到底是什么"对职业女性进行了一项有趣调查，题目是《化妆有利于公司，女性素颜是效率克星》。

劳动科学研究所的女职员被分成两组，一组根据意愿自由化妆，另一组禁止化妆保持素颜。一周之内，研究者对两组调查对象进行了测量视神经疲劳程度的眼睛眨动检查，辨别精神疲劳程度的色彩名称分辨能力检查，测量末梢神经状况的检查。

结果表明，限制化妆的一组，一天内有40%、一周内有56%表现疲倦，自由化妆的一组，接连几天只有19%表现疲倦。这一数据清楚显示，女性化妆后工作效率更高！

女性在镜子前专注装扮的瞬间，心情会发生变化。回归自我的轻松感与变美后的满足感，使她们身心愉悦、信心倍增！

"张扬自我、突出个性"的妆容背后隐含的心理效果，开始引起社会关注。对外表要求精致，逐渐成为全体职业女性的共识。

20世纪60年代，随着经济的高速增长，职场女性的数量持续增加，甚至超过了就业人员的半数，但是女性就业率却呈下降趋势。大部分女性倾向于婚前就业，婚后或怀孕后便辞职，而男性长期就业，通过企业年资序列制度提高待遇。男女角色分工意识逐渐强化，企业认为这有利于男性职员稳定工作和人才培养，在雇佣方式上推波助澜。1961年，政府实行配偶减税制度，为全职家庭主妇的丈夫减税。促使单方（男方）工作的家庭模式成为主流。

但是，并非所有职场女性都对此认同。1964年，住友水泥公司基于女性职员入职时签下的字据（结婚或三十五岁后离职），解雇已婚女职员而遭到起诉。法院宣判原告女职员胜诉。理由是：合同涉及无正当理由的性别歧视。迫使女性进行结婚和工作二选一的做法是歧视女性，侵害结婚自由权。

进入20世纪60年代，此类诉讼不断增多，企业基本都因"违反公序良俗"而败诉。其中最成功的是东京及其他地区护士行业争取婚后工作权的斗争。从前，人们有一种思维定式，认为护士是属于未婚女性的职业。到1958年，已婚护士的比例只有2%。护士的护理经验和耐心，随着工龄增长才能逐渐累积，已婚便"退休"，显然造成了人才流失。经过护士们的不断争取，到了20世纪80年代，已婚护士的比例增加至69%。女性的集体维权改变了护士的年龄结构，提振了日本卫生事业。不过，除了特定行业，已婚便离职仍被大多数女性接受并得以延续。

1967年，日本实现人均国民收入翻一番的目标。"所得倍增"计划提前三年完成。半数日本人觉得生活已跨入中流，随着日本与欧美文化接轨，欧美女性的装扮和思想渗透到日本。

1967年，正是披头士乐队流行时期，金发碧眼的模特身穿"超短裙"登陆日本，这款触及女性灵魂的服饰立刻引发轰动，跟20世纪80年代，皮尔·卡丹的模特在北京王府井走秀时一样，街头为之豹变！日本女性不敢公开展示性感的一面被打破。

女性腿部的外观问题分为四种：萝卜腿、棒槌腿、烟囱腿、大象腿。从前总以和服掩饰，现在可好，裙子短到膝盖以上五厘米乃至十厘米，莫问粗细曲直，大腿小腿统统亮出来！超短裙成为20世纪六七十年代女性最劲爆的热服。

与此同时，时髦女性穿起了裤子。当时，约翰·列侬的妻子小野洋子[①]回国，三岛由纪夫看不顺眼，认为她的装扮破坏了日本的传统审美。他评论道："有的女人从国外回来，穿着男人的裤子到处招摇。"

早先，日本女性不时兴穿裤子。20世纪60年代，牛仔裤和喇叭裤相继风行，女性才习惯穿裤子。超短裙、裤子让女性的身材尽显无遗。从服装的束缚里解脱，对日本女性具有反传统的意义，也体现女性解放运动已到达高涨。

不过，突破传统并非易事。着装前卫的女性，周围总会投来异样的目光。车站或是街上，男人们会用眼睛瞟你，很多人还是难以抵御这样的目光。

直到今天，除了歌舞伎町的上班族，大多数日本女性的连衣裙都长及膝盖。即使炎热的夏天，绝大多数女孩仍会穿上袜子不会光脚穿凉鞋。

见不得人的性

20世纪60至70年代初,日本度过了一段黄金岁月,经济总体保持十二年高速增长,民众生活水平大幅提高。家庭平均人数由1950年的5人降到1970年的3.7人。战前高得令人咋舌的私生子比例(接近10%)在1970年降至0.9%,离婚率也处于低水平。

1968年,恰逢明治维新一百周年。日本的GNP总值(国民生产总值)超过联邦德国,成为西方世界仅次于美国的经济强国。但是,经济成功的背后,人文领域的日本,却在西方世界竞排末座。

西方把性视为神圣,裸体画像作为艺术美受到人们的推崇和喜爱。从幼年开始,西方孩子就接受肉体、性爱是一种美好艺术的思想,对此并无偏见,他们在这种意识中成长。

日本孩子则是在把性当作不健康的东西的意念中成长起来。谈到性首先反应的是被强行蹂躏的少女和受了侮辱的女性，对性有种龌龊的认知。

20 世纪 70 年代以前，日本的公园和街道找不到一尊裸体雕像，提及裸体则谈虎色变，马上联想到脱衣舞场或色情电影。

那时，有位开明的小学校长，请人在校园的喷泉中塑了一尊充满童趣的撒尿小顽童雕像，此类雕像在欧洲很常见。

结果，那尊雕像造好后，立即遭到教育委员会的严厉斥责，理由是"造这样的雕像定会引起孩子们的猥亵情绪，给孩子们造成精神污染。同时，很可能成为对随地小便的鼓励。身为教育都市的校长竟会想出这种主意"。

于是，那座雕像被搬到学校附近的公园。不到一个月，喷水器官被人敲掉，代之以胡乱抹上的掩饰物，雕像下腹部被人抹得一塌糊涂，画满各种猥亵图案，雕像变成了一个丑陋的形骸。它所代表的纯洁与美好消失殆尽。

神圣而美好的性，在日本被视为一种"肮脏的见不得人"的东西，只能落得遭人唾弃、应当鄙视的下场。

当时，日本的性教育就是"性逃避""性禁止"教育。那种不健康的、抑郁的性心理和粗鄙猥亵的性行为，就源于"肮脏的性"的观点。

日本的某类电影，置情节于不顾，无端的暴露肉体，毫无意义的性交镜头，莫名其妙的残酷凌辱，把这些画面简单地罗列起来，就成了电影。

世界上许多电影里的性镜头是作为美的展示。放荡、情色的场景中往往包含着人生的苦恼、个人的见解和该民族的思维方式，能唤起观众对角色的同情和理解。

当时，意大利有部反抗纳粹的影片。电影中数次出现殴打、烧烙等酷刑场面。某位青年在观影时，捏着一把汗，拼命为主人公鼓劲："要坚持呀，千万别招供呀！"

而日本某类电影充斥的是毫无人性的性镜头，肆意凌辱、施暴的场面比比皆是，是完全商业性的。

同样是这位青年，在看一部展现江户时代的刑罚电影时，面对残酷的、无价值的凌辱场面无动于衷。散场后，他叹息一声："随随便便把那女人杀了，真吓人！"

日本人的性意识无须渗入情感因素。这同他们把性看成是淫乱之物的道德观念有关。也就是说，性是无人性的东西。

战前和战后初期，许多日本男人根本没受过情感教育，他们在毫无"爱意识"的生活中长大，步入成年后，怎样对待性生活的问题无法回避地摆在面前。可他们的性意识却无法帮助他们建立美好的情感生活。

体现情感生活的人性美严重缺失，他们只留下空空的躯壳，变成了赚钱的机器。

注解：

①小野洋子：美籍日裔音乐家、先锋艺术家。1933年生于日本贵族家庭。20世纪50年代起，她闯荡美国前卫艺术圈。1966年，约翰·列侬见到在舞台上表演《切片》的小野洋子。该行为艺术彰显着日本女性奉献、内敛的特质。1969年，小野洋子嫁给小自己七岁的约翰·列侬。这场婚姻被视为日本文化与西方精神融合的缩影。两人开始作为整体出现，共同创作实验音乐，发行唱片。1980年，列侬遇刺身亡。几十年来，小野洋子依然出现在当代艺术和音乐领域，身体力行东方艺术家特有的表达方式和叙事模式。

第四章 1970—1990 性和身体解放

随着女性意识的觉醒,女人的性被分割成"为生殖"和"为快乐",渐渐与女性的属性融合为一。女性团体成为推动社会进步的中坚力量。

便所的解放

进入20世纪70年代，那时的世界风起云涌、那时的日本激情燃烧！20世纪60年代兴起的反主流文化运动、反战运动、女权运动在20世纪70年代被推向高潮！摇滚乐、嬉皮士、先锋艺术，迅速侵染日本，年轻人充满叛逆精神。另外，受到革命主义、亚非拉独立运动的感召，大批青年投身左翼运动。

日本受到东西方两个阵营思想文化的强烈冲击，激情与盲动是那个时代的旋律，这点在女性身上体现得淋漓尽致。反战运动的口号："要做爱不要作战！（Make love, not war）"当亚洲女性在大街上克服羞涩，集体呐喊出来的时候，感觉到前所未有的舒畅！

1970年8月22日，日本召开"反侵略、歧视的亚洲女性会议"，女权运动代表田中美津受邀起草一份传单。

此前，田中从未读过有关女性解放的书，也没有对此做深入研究。当她坐下来，凭借女性的感知提起笔，眼前浮现出自己的童年。那时，她的父母经营一家小饭店，仅五六岁的她在店内帮忙，长期遭受一名员工的性虐待，年幼的她完全不懂是怎么回事。成年后很长一段时间，她都把错怪在自己身上，以为是自己做错了，自己或许毫无存在价值。

最终，田中美津醒悟了，这一切与自己无关，自己只是一名无辜的受害者。

当夜，她犀利的笔锋尽情挥洒。当传单发至所有人手中，她深切感到自己抓住了时代的精神！

现实中，日本男人把女性分成两种：或为母亲，或为便所。前者代表母性的温柔，可以成为结婚对象；后者如同便所（坐便器或性欲发泄器），需要时就来，用完拔腿就走，可以作为玩弄对象。

"母亲"或"便所"意识，同根所生，同源而出。这种意识来自将性视为肮脏之物的性否定心理。无论被选为结婚对象，还是玩弄对象，它们的本质不变，女性都是男性支配的所有物，都是将女性进行性否定的结果。

有鉴于此，传单题目干脆叫作《从便所开始的解放》！"便所"是性物化的比喻，可以理解为女性的"阴部"。指男性只把女性当成性物品（泄欲器），就像厕所一样，而没有把女性当成一个人。

与其说这是传单，不如说它像一篇檄文！田中美津希望女性从单一的性对象中解放出来!

她在序言中说:在阶级社会里,任何一位女性生来就被看作是一种私有财产,一种名为处女的私有财产。

如果善加运作,这种财产可以卖个好价钱,售价决定了女性的一生。不仅如此,从先天和后天角度,处女被划分了等级。根据家世、财产、容貌、受教育程度,她们的价值完全不同。

更奇怪的是,这位女性究竟是不是处女,压根儿就不重要。最要紧的是她要"像处女"。比如,她本来不是处女,但只要肯厚着脸皮穿上洁白的婚纱,看上去像处女一般楚楚动人,其他人就消停了。吉永小百合[①]之所以成为"小百合",就是因为她看上去"像个处女"。

女性从小被灌输"要有女人的样子",基本就和"要有处女的样子"是一个意思。

行为举止是否有处女的样子,俨然成了一个筛选标准,如果不那么做,就等同于违抗男性、违背这个婚姻社会。换言之,所谓女性解放运动,就是联合受压迫的全体女性起来反抗,反抗那些一直以来自说自话地把"像处女"这个标准强加给女性的男人和社会。他们把女性看作是一具和色欲完全等同的肉体,所有受到这种压迫的女性起来战斗吧!把"像处女"奉还给那些男人和社会!战斗的号角,正在当当作响!

对此漠视、放任或许是一种温柔,但这么做,便不可能战胜从小到大被根植于我们脑海深处的念头"只有婚姻才是女人唯一的幸福",我们便不可能从"一定要嫁作人妇"这一禁锢中彻底解放出来。

"一定要嫁人"这种想法，带有强烈的否定意思，是一种思想上的控制。女性从小被灌输，所谓性是肮脏的、邪恶的，绝不能说出口，这种教育正是"像女人＝像处女"的始作俑者。

传单第二部分，田中谈到女性解放运动：女性一路成长起来，一直被灌输"女人的幸福就是结婚"。这样的想法早已被刻到骨子里。之所以必须要打造那样的女人，是因为现在的社会奉行财产保护和继承，以私有经济作为最高指令。

因此，首先必须确保女性的血统（男人是一种对孩子有执念的生物），故而他们必须要在社会层面，打压那些不利于婚姻、无法让男人满意、社会满意、高举反抗大旗的女性，以示惩戒。要那种手段，最重要的一环就是要让男人放弃选择那样的女性。

所以，无论是在家里，还是学校，都必须提前打造出一种女性生物，愿意献媚、屈服于那种男人，以及那种男性思维（完全是统治阶级的思维），而所谓的性别不同导致的性别差异——所谓的男性特质和女性特质，不过是为了达成这个目的虚构出来的。尤其是将女性神秘化，说什么越是神秘就越有魅力。

实际上，这套所谓"女性特质"理论，是一块遮羞布，试图把统治阶级想通过压抑男女的性欲望，来贯彻统治支配的意图遮掩起来。之前，那些将这块遮羞布一把扯下，拒绝所谓表现得要"像女人"、重新定义女性的女性们，都被挑唆成了众人嘲讽的对象，唯恐避之不及。

针对女性活动家所带来的社会危害，说是迄今为止的女性斗士，尽是浑身带刺儿、毫无魅力的丑八怪。

从明治时期开始，女性解放运动的女斗士们之所以有些歇斯底里，穿着打扮土里土气，完全是因为她们为了女性解放，必须把自己暂时变得像男人一样，这是必经的过程。

那个年代，女性戴着各种各样的枷锁，斗争的重点首先是争取基本人权，比如离婚自由、获得一般事务的选举权、废除通奸罪、自由选择职业等。与此同时，斗争的主要目的是为了争取女性经济上的独立自主。为了将女性从做牛做马之中解放，同男人一样获得平等权利，那些女斗士们只得淡化、甚至舍弃自己作为女性的特征。

为了从本质上推进女性解放运动，男女必须在经济和法律上平等，这是前提条件。不难想象，这是一条从未有人走过的路，不难理解，那些女斗士们为了迈出这必须踏出的一步所做的筹备。在她们"高大威猛"的背影里，我看到的正是她们对所有女性同胞的恻隐怜悯。

现在，我们站在她们舍弃一切才换来的高地上，带着同她们一样可以舍弃一切的觉悟，要让女性的斗争再往前迈出新的一步。

我们的斗争，是在人们只盯着女性的性和生殖器的目光中，立志解放人类的斗争。我们的斗争，究竟要以何种姿态开展？在更进一步考虑这个问题之前，我们应该关注性，性作为奴役他人最原始的统治手段，通过性来管理社会，还有一夫一妻制和其背后的男女关系等问题。

传单第三部分，田中讲到被制造出来的奴性：以财产保护和继承为目的的经济体制，通过将女性的性欲求强行束缚在男人和家庭里，试图以此保证女性的纯血统。

一夫一妻制就是一种针对女性的制度。违反人类自然身心构造的一夫一妻制，作为一种制度有其不合理性。

现有的经济结构迫使女性和孩子依附于男人，在此基础上，又编造出了一种性意识，即性只能是肮脏的、粗鄙的、可耻的东西，而一夫一妻制恰恰就是利用这种性意识，将其根植于人们的心里，以此才得以存活下来。

实际上，从本质来看，一夫一妻制是为了彻底抹杀女性的经济独立和性欲才被人为制造出来的一种制度。不仅如此，一夫一妻制还通过意识形态的操控，让女性产生了对于性的羞愧感，从而更进一步压抑了她们的性欲望。

那么，对于性的全盘否定的这种意识形态，又是如何操控人们的思维模式呢？

谁都知道，人们的生活塑造了其思维模式。而人们的生活，在一定的经济规则之下，又建筑在同他人的各种关系之上。

所谓"他人"，对男人而言就指女人，对女人而言就指男人。无论在哪儿，人们都只能作为一个独立的个体，才能存在于世界上，独自一人降生，独自一人死去。正因为人类本质上是独立的个体，所以才产生了同其他个体进行沟通交流的需求。

从物种起源角度看，就算明知无法沟通交流，人们还是迫切得想要理解他人。我们都渴望和追求可以肌肤相亲的性行为，这是一种分担的行为，分担我们只能以个体形态存在所带来的悲伤。

人类同样是一种生物，而男女之间的这种交融，正是人类同其他生物之间所具有的最本能且自然的联系。全盘否定这种性行为，甚至以此为耻，通过这种意识上的操控，让人们以一种残缺的方式燃烧自己的生命，使得他们对生活产生畏惧。其结果，自然而然就造就了依附于权威才能活下去的思维模式。

　　阶级社会建筑在一种思想体系之上，即一切为了贯彻统治。通过"以夫为纲"的婚姻制度。换言之，在家庭男女关系中，这种权威主义（使人盲目听从权威随大流，放弃自主意识）被不断地复制和强化。

　　田中提出"女性"的概念，应是将女性视为母亲和性欲并存，是一个有血有肉的独立整体，即女性就是女性，并非同男性比较后得出的某种结果。

　　女性解放要达到的最终目的，是女性可以作为女性生活，而不是凡事等同男性，或者通过男性，即统治阶层的过滤镜之后，被比较、甚至被规范化（处女身、行为举止）、商品化（出身门第、学历、容貌）的产物。那样被制造出来的所谓"女性"，不过是一种叫作"女性"的幻象。田中所提出的"解放"，指的是要从这种被制造出来的名为"女性"的幻象之中跳脱出来！

　　可以看出，日本的女性解放和西方不同。西方的女性解放是广义的，包括性开放。日本的解放是狭义的、基础的，更多是针对男性的性支配，要让女性从性的困局中解脱。

　　著名女性运动学者上野千鹤子，形容宣言是"属于我们自己的声音"。在日本女性解放运动进行得如火如荼的20世纪70年代，"女人只要听从男人就好""比起走入社会，女人在家做家务带孩子就行"等想法被认为是理所当然的。

　　但是，田中美津却主张女性要在乎自己的想法，应该得到他人的尊重，这引发了许多女性的共鸣。

　　传单带有强烈的情感抒发，是对圣女、娼妓的分离支配最为深刻的揭露和批判，具有里程碑意义。已成为日本20世纪70年代女性解放运动的宣言。

从20世纪70年代起，日本女性的发展越来越受到西方女权运动的影响，但并未全部照搬。田中宣言的原始版中就有对美国女性解放运动，基于日本思维的批判。

1975年是联合国大会指定的"国际妇女年"，该年在墨西哥城召开首届"世界妇女大会"。会议发表的宣言特别对男女平等下了定义，即：男女平等是指男女两性的尊严和价值的平等，以及男女权利、机会和责任的平等。

联合国要求各国政府设立推进女性政策的国内本部机构。日本政府给予响应，意识到男女性别角色分工逐渐固化，导致男女在社会发展中的不平衡，将不利于日本的整体发展。同年设立以首相为本部长的妇女问题企划推进本部及社会人士组成的妇女问题企划推进会议，成立总理府妇女问题担当室。该机构的设立意味着政府对女性问题的重视提升到最高层。妇女问题担当室逐渐演变为统筹全局、为政府提供女性政策建议和咨询的核心部门。

现实与天堂之间

受西方女权运动影响，部分日本女性主义者的观点有些偏激。但她们无论持何种观点，从未宣扬使用暴力，更没有世界革命的想法。然而，一位女性恐怖组织首领的出现，颠覆了人们的想象！

该组织名为"赤军"，主张推翻日本皇室和日本政府，并在全世界发动革命。20世纪70年代，它与意大利红色旅、北爱尔兰共和军并称为三大国际恐怖组织。

1972年5月30日，三名装扮成游客的"赤军"从以色列首都特拉维夫的卢德机场走下飞机，他们解开身后背着的小提琴箱，取出配件迅速组装成机枪，向在场的密集人群疯狂扫射，造成26人当场死亡，近百人受伤。

两名赤军被击毙，唯一被俘者在审讯时称："我们是猎户座的三颗星。"

此举震惊世界！这支崛起的恐怖新军背后，隐匿着一位柔弱女子的身影，她就是集美艳与暴力于一身的重信房子。

卢德机场惨案发生后，从被击毙的一名"赤军"的口袋里发现了一本《兰波回忆录》②。折角的一页写着这样的诗句："我把自己出卖给谁？我该崇拜什么禽兽？打击什么神圣偶像？碎谁的心？赞成什么谎言？踩着谁的血迹？"

这是一个年轻恐怖分子的心声。或许行动之前，他的内心也在挣扎，对即将要做的事产生过怀疑，但还是无法停手。被击毙的两名"赤军"中包括重信房子的丈夫奥平刚士。

一般的领袖，总是驱使和自己无关的人去送命。而这个女人，却甘愿牺牲自己的丈夫。

重信房子的父亲重信末夫是日本战前有名的暗杀组织"血盟团"成员，参加过暗杀首相犬养毅的"五一五"事件。不过，不能因此简单地把重信房子归入右翼分子家庭。

开着一家小烟酒铺的重信末夫，收入微薄。作为政治煽动家，他显然志不在此。女儿出生的那天是1945年9月3日，刚好赶上第二次世界大战结束。重信末夫把继续革命的希望寄托在女儿身上。重信房子天生娇美可爱，讨人喜欢，"血盟团"团长井上日昭常常抱着她玩。

重信房子的家靠近朝鲜人住宅区，她从小目睹日本人对朝鲜人的歧视。但重信末夫不歧视朝鲜人，因为有一次他被街头痞子敲诈的时候，是朝鲜人挺身而出。父亲对重信房子的教育，让她很小就成为一名亚细亚主义者。

重信房子长大后，父亲更加注重对她的思想培养。女儿也把父亲视为从事革命的精神支柱。高中毕业后，她进入一家食品公司工作，同时考入明治大学文学系，白天上班，晚上学习。

二十岁时，重信房子开始参加学生运动，起初采用和平方式抗议。但父亲却说："不流血的革命是不会成功的。"并且教导她"跳出民族主义的圈子，成为国际主义者"。

此后，重信房子逐渐走上暴力革命的道路，坚信"武装斗争是最大的宣传"。1971年2月，重信房子与"赤军"骨干奥平刚士结婚，随后义无反顾地离开日本，同丈夫一起来到反美的前线——中东。

卢德机场袭击事件后，重信房子失去了深爱的丈夫，重信末夫特意写诗鼓励女儿，内有"大义不孝，大义灭亲，尽天命"等语。

人若陷入极端信仰，往往高呼尽天命！重信房子继承丈夫的遗志，继续投身阿拉伯解放事业，并成为"赤军"的领导者。她以女性身份标榜该组织的"先进性"。

据知情人回忆，20世纪70年代的重信房子留着一头长发，身穿牛仔裤，打扮十分时尚。她宣扬的革命理念，使人深切感到她的满腔热忱，许多青年不求回报，心甘情愿为她提供支持，最鼎盛时拥有二百多名死士。

重信房子宣称："是时候向帝国主义者表明，斗争是解放受压迫人民唯一人道的方式。"这位美艳女子的坚定信念，鼓舞着"赤军"战士们前进。但是，现实也在教育这个女人。

"赤军"分子多是京都大学等顶级名校的高才生，他们对世界革命拥有赤诚的幻想与热情，时刻准备为信仰献身，杀一求百生。他们相信,天堂是有的,是可以实现的。但在现实世界与天堂之间隔着血海,一片血污之海。人类要渡过这片海,才能登上彼岸。他们要首先实现那血海。

人与天堂,相隔的不是血海。如果为了进天堂而制造血海,那进入天堂还有什么意义?

"赤军"是日本固有的极端军国主义(含部分亚细亚主义)和极端共产思想结合的产物。其他国家是两者平行发展,只有"赤军"把它们异化之后水乳交融了。无论其动机多么纯粹,行动多么无畏,都不能抹杀这一本质。

随着日本经济的发展,"赤军"的生存基础被逐渐削弱。

1977年,日本人的平均寿命超过瑞典,成为世界第一。显然,钟情于恐怖主义的国民是做不到的。

2000年11月,秘密潜回日本的重信房子在大阪被捕,被判处有期徒刑二十年。此前日本警方只掌握了她年轻时的照片,侦查员根据她拿烟的特殊姿势和吐出的极致烟圈,判断其绝非普通女性。当她再次出现在世人面前,人们无不惊叹她的美艳。半年后,重信房子在狱中写下《日本赤军解散宣言》。

满怀激愤的人没有明天,只有淌血的今日。一个存在三十年的恐怖组织完结了。重信房子向所有"赤军"的受害者道歉。她同时说:"谢罪并不是后悔,而是期待在要求一个更好的日本时,能够吸取这些教训。"

真刀真枪地干

1972年7月,执政七年的佐藤荣作下台,田中角荣继任首相。他访问中国,促成了中日建交。但他在内政方面推出的"日本列岛改造计划",却干扰了经济运行。同时,受1973年"石油危机"影响,日本经济开始由20世纪五六十年代的高速增长,过渡到20世纪七八十年代的稳定增长阶段。

20世纪70年代后期,日本左翼运动转入低潮,西方反主流文化运动的影响却在扩散。性解放运动与日本人血液里留存的原始性冲动暗合。

1976年,惊世骇俗的情色电影《感官世界》问世,原译"爱的决斗",这名字与电影的实质更相符。

这部电影由法日合拍,1975年,法国废除了所有对色情电影的限制，从而避开了日本电检制度的审核，导演大岛渚有完全自由的空间展示任何想要的东西。

他的剧本，排除所有不相干的内容，只把精力集中在和性有关的元素上。为追求真实感要求演员做真正的性交，对各种生理、心理的变态性行为也不加避讳地直接呈现。

开机前，剧组面临最棘手的问题是寻找演员。剧中要求演员在镜头前真正性交绝对是个巨大挑战。与预料相反，大批女演员前来试镜。她们表示：如果性是必须的，那就不是问题！

连大岛渚的妻子都说，如果没人愿意来演，她会参演。她事后解释，这么说是为了帮忙，如果这话传出去，别的演员会认定这是一个好角色，试镜时会更加自如。

最后，扮演阿部定原型的松田瑛子，是第一个参加试镜的演员。她有细腻的皮肤，但真正娇嫩的是她的内心，那种一眼就能看出来的纯净，这就是他们要找的人。

第一次试拍，让她从一个点跑到另一个点。眨眼工夫，她把所有衣服都脱光了，摄像机跟在后面拍摄她的奔跑，就像这一切没什么特别一样。

寻找男主角却相当费劲。几乎没人对石田吉藏这个角色感兴趣。对于真正的性交，男演员们都认为这是开玩笑。

到了开拍的最后关头，剧组仍在寻找男主角。所有联系上的演员都拒绝。直到最后，助理导演提出了藤龙也的名字。剧组的人请他在酒吧喝到半夜，很多酒下肚之后，腾龙也接受了这个角色。

塑造石田吉藏十分困难。阿部定的台词都在她受审时的证词录音里，她的观点表达如此严肃、美丽，这些话基本可以一字不变地成为台词。石田却是白纸一张，没有任何关于他对自己的看法或关于他当时心情的文字记录。

结果，电影里塑造的石田，风格可以概括为一句话"我愿意为你做任何事"。一个愿意作践自己生命，满足一个女人欲望的男人，藤龙也完美抓住了这个精髓。

当电影完成时，《感官世界》成了一种前所未有的世界语言。

电影呈现出背离传统的巨大转变，男女之间疯狂的性爱从最初传统式的女性对男性的单纯满足和服从，发展到男性对女性的绝对满足和服从，被认为是对传统爱情和性观念的一次强有力的挑战，带着无比壮烈庄严的"殉教"气息。

导演用最极致的方式表现离经叛道的爱情。大岛渚的目的是要通过他的镜头，在感官世界与精神世界之间搭建起一座桥梁。这个曾经的学运领袖，还是没有完全脱离政治。

《感官世界》最终在删除了部分内容后上映，但仍引起轩然大波。

阿部定的逆行

这个故事,取材于四十年前轰动日本的"阿部定"事件。

阿部定出生在一个富裕家庭,上小学前,父母就送她去学传统乐器三昧线(歌舞伎的主要伴奏乐器)。她十岁时,从长辈的交谈中知晓了男女之事,十五岁到朋友家玩,便和朋友哥哥的同学初试云雨。禁果的滋味对阿部定来说很痛苦,之后的两天里她出血不止。但这似乎打开了她对自己身体认知的魔匣之门。不久之后,周围的男性邻居成为她的第一批情人群。

父亲一怒之下说:"那么喜欢男人,干脆去当娼妇算了!"十八岁的阿部定觉得这是不错的选择,她毅然离开父母,闯荡男人世界。

1936年2月26日,雪后银装素裹的东京天空阴沉,在这个晦暗的日子，日本近代史上最重要的一次军事政变在一群激进的少壮军官策动下发动了。

这一年，三十二岁的阿部定已独立生活十四年。这些年，她辗转几个大城市，做过女招待、红牌名妓，还身为人妾。在此期间，她得知父亲病重，回家整整照顾十天，直至最后一程。在男人世界阿部定如鱼得水，她从一家妓院顺利出逃后，来到东京。

在这里，她当了卖鳗鱼饭的"吉田屋"的女招待。欲火缠身的阿部定，每天不和男人发生肉体关系情绪就无法恢复正常。而老板石田吉藏是远近闻名的好色郎。此人身材消瘦、相貌英俊，两位"性豪"终于聚首，干柴遇烈火，一拍即合！

接下来的日子，他们私奔，住进一家小茶室，大部分时间都消磨在旁若无人、肆无忌惮的男欢女爱之上。

偶尔，阿部定出门，为了见她的老主人，身为人妾的那个丈夫，从他那儿拿到钱后，再兴冲冲奔回住处，奔向已经急不可耐的石田吉藏身边。除此之外，世间仿佛再没有需要他们留恋的一样，忘情恣意。

"梦里平生叹情愁，爱河深处水悠悠。"极度相互拥有的奢望，把两只宿命的野鸳鸯推上了终极的悬崖。

一次持续两小时的交合，忘情的阿部定用腰带勒紧吉藏的脖子，反反复复让他濒临窒息。这个动作让两人体会到了前所未有的快感。由于用力过猛，石田吉藏晕了过去，转天醒来后央告阿部定："等我睡着的时候，再拿腰带勒我一次，刚勒那会儿疼，所以千万别停……"

或许是句玩笑，但阿部定认真听从了他的建议，转天出门买回了一把尖刃。下次交合后,在石田吉藏睡着的时候,阿部定用腰带绞死了石田吉藏,并割去了她最心爱的石田吉藏的一部分,带在身上离去。

临走前,她用尖刃在石田吉藏的身上、腿上刻下"吉和定两个人""定"等字样。离去是因为,她和老主人还有个约会。

警察很快捉住阿部定,她很认真地解释道:"我不想让那些整理仪容的人摆弄他的'宝贝',它只属于我。"

整个事件,给当时笼罩在军国主义浓郁阴霾下的舆论界,注入了异样明亮的色彩。媒体号外频出,人们对阿部定事件的议论,竟然盖过了改变历史进程的兵变。

阿部定被捕后,对自己所做的事供认不讳。东京大学的精神病教授鉴定其为"淫乱症",她的行为被定性为情痴所致。

在监狱里,阿部定是模范犯人,能干别人两倍的活,只是一到石田吉藏的忌日,她就犯癫痫。

出狱后的阿部定隐姓埋名,过着普通人的生活。再往后,尽管经济上没有负担,但她开始四处漂泊。六十五岁的时候,阿部定曾用"香"这个假名在一家饭店工作。这段时间,她曾尝试用钱来引诱年轻男子与她发生关系,但在事情被发现后她留下一封信就突然消失了,此后再没人听过关于她的一切。

阿部定曾在1955年到供奉石田吉藏的寺庙,为他办理永久供奉手续,并交纳了费用。此后三十年,即便是她消失不见的那些年,每到石田吉藏忌日,他的墓前都会有一束鲜花。

1987年以后,石田吉藏的墓前再也没有鲜花了。

见过阿部定照片的人说,她看上去那么温和,低眉顺目和普通老奶奶没什么区别。而她的故事成了影视界一大IP。

如果阿部定是位男性,所做的一切不会成为轰动日本的大新闻,产生如此轰动,有了现在的效应正因为她是女性。在阿部定的性格中,被压抑、被遮掩的残酷的一面在性行为中表现得淋漓尽致。

女人的性,被分割为"为生殖"和"为快乐"。阿部定作为个体,为了恢复女性的主体性,不再回避女性的性快乐。

从明治时代起,在性爱方面,男权越来越凌驾于女性,这从春宫画的演变中可以看出。日本文化含有不少原始性,当先进文明一股脑涌进来,原始性和先进性并存,文化便显出二重性。

日本春宫画有两个显著特征。一个是男女性器尺寸的极端夸张和精密写实主义。另一个是与性器相比,身体其他部分虽然简略并格式化,但男女面部的愉悦表情却被描绘得非常清晰。春宫画的表情特征是男女"和睦同乐",尤其体现了女性的愉悦欢乐,充满着"这么做女人会喜欢"的男性幻想的投影。当时出现的"江户四十八手"(四十八种不同招式的床上姿势)成为春宫画的重要创作来源。

江户后期,画风开始变化,极为鲜艳的彩色锦绘问世后,强奸、紧缚之类登场,在这种场景画中女人面部扭曲,显示出强忍痛苦的表情。到了明治时期,出现嗜虐趣味的紧缚场景。

越到近代,浮世绘春宫画错乱的"重口味"色情趣味越多。从中可以发现,对女性从"快乐的支配"到"恐怖的支配"的变化。与近世的"色情"相比,近代的"性"似乎更野蛮。

文明以后更受压抑,淳朴的淫荡反而被野蛮的淫荡所取代。

阿部定所做的恰恰是女性对"原始性爱"的回归，可以看作是一种"逆行"。

对日本的"色道"来说，正因为色情是文化的"发情装置"，才更需要知性和教养。

争得碧水清风

20世纪70年代，日本的环境问题日益凸显，经济快速发展的背后，是以牺牲环境为代价。日本第一大淡水湖琵琶湖的水污染，已到了非治理不可的地步。在关乎生命健康的问题上，日本女性展现出了集体担当。

琵琶湖，位于本州中西部的滋贺县，四面环山，是继里海、贝加尔湖之后的世界第三古湖。湖面四周分布众多古迹，丰臣秀吉留下的长滨古城、织田信长当年所建安土城，登高可眺望整个湖面。湖岸边的芦苇丛里，一休和尚曾独坐船头冥思。

因为邻近京都、奈良，横卧在经济重镇大阪和名古屋之间，琵琶湖又是这一地区的重要水源。

然而，1977年5月，琵琶湖发生赤潮，湖面距岸边300米一带全被染成红褐色，岸边弥漫着刺鼻的气味。这让当时的滋贺县知事（县长）武村正义感到非常棘手。

这次污染与以往不同。以往引起熊本县水俣病、四日市哮喘的严重污染，都有比较集中的污染源，下决心治理源头就能速见成效。但这次调查发现，污染是由于湖内氮和磷的大幅增加，促使浮游生物异常繁殖引起的。那么超标的氮和磷是哪儿来的呢？

肥皂，每个家庭用肥皂洗完衣服排出的废水里就含有这类物质。也就是说，污染源涉及所有人，所有的家庭都是污染源。

滋贺县知事发起了要求全县三十万主妇共同参与的"粉肥皂运动"。呼吁改用含磷量少的粉肥皂代替传统肥皂。但是，粉肥皂有很多缺点，它的价格高、洗涤方法复杂，冬天不用热水，污垢洗不干净。用粉肥皂洗完衣服后，洗衣机内壁还会留有污垢。

这样的东西还推广吗？推广！为了保护水源。武村正义希望制定法案，限制含磷量高的肥皂在滋贺县销售。但是，实行起来却相当困难，于是他向中央省厅求助。可无论是环境厅、自治省还是通产省给出的答案都是否定的。

他们认为，自由销售的东西，在某个特定地区受到限制，没有这样的先例。而且含磷洗涤剂是否与琵琶湖污染有关，即使滋贺县拿出美国五大湖区地方政府限制含磷洗涤剂来治理污染的例证也无济于事。中央各部认为，限制销售违法，违反宪法营业自由原则。

在没有退路的时候，法制局的前辈提出了建议：为保护琵琶湖采取对策，可以套用公共福利政策，以公共福利的名义制定条例，这样就可以限制私权。

这让武村正义大为振奋，他马上召集县干部制定条例。但是，拥有花王、狮子等大牌厂商的日本肥皂洗涤剂工业协会闻风而起，绝不能以环保为名断绝自己的财路！他们在琵琶湖饭店设立总部，分别拜访县议会议员、有势力的人进行游说，向数万县民邮寄信函，在报上登反对广告。为了控制支持禁售高磷肥皂的媒体，企业专门向报社广告部施压，这算打到七寸了。报纸一改口风，出现了反对制定条例的声音。

面对强大的资本集团，身为县长的武村正义无可奈何，环保举措面临夭折，就在他难以为继的时候，环保运动得到了广大女性的理解和支持。

20世纪70年代，超过六成女性是家庭主妇，她们成为支持运动的中坚力量。农协和工会的妇女部、生活协同组合、环保组织都加入进来，共同倡导环保理念。女性自觉自愿地奔走呼号，在街头巷尾到处举办粉肥皂洗涤讲座，出现众多的"肥皂阿姨"。

女性是洗涤用品消费者，她们团结起来，就可以改变商家的垄断话语。在广大女性的强力推动下，1979年10月，《琵琶湖防止富营养化条例》在县议会全票通过。当时，粉肥皂的普及率已超过70%。喊着要上告的肥皂洗涤剂工业协会也撤回起诉，还宣布今后在滋贺县销售无磷合成洗涤剂。环保洗涤剂开始商业化生产，很快推广到全日本。一县的胜利保护了全日本的河流和湖泊！

1980年5月，时任首相大平正芳视察琵琶湖，他从试管中的水样看到，湖水已经开始变清。

进入20世纪80年代，先污染后治理的模式结束，日本开始走出一条经济发展与环境保护相结合的新路，这得益于女性公民意识的普遍增强。在20世纪七八十年代的公民运动中，取得最佳效果的便是环保领域。随着都市化进程加速，住宅垃圾、空气污染、噪声污染、交通拥堵等公害问题逐渐增多，主妇仅顾及自己的小家远远不够。她们意识到参加社区公益活动的重要性，通过集体力量改善生活环境，女性成为推动社会进步的中坚力量。

霸凌"必修课"

1980年,日本的外汇储备及汽车产量均超过美国,跃居世界第一位。领土面积仅占世界0.8%的日本,GNP(国民生产总值)却占世界的15%。傅高义写了名为《日本第一》的书,瞬间风靡全国。

但在精神层面,日本人的生存压力依旧很大,日本并未成为让人生活幸福的国度,即使在被称为"象牙塔"的校园里也不是。

学校是生活的课堂,这里不仅灌输知识,更是培养美好人性的地方。可是,部分学生却度日如年,长期遭受霸凌,得不到有效干预。校方听之任之,甚至认为这是进入社会前的"必修课"。

记者采访一位儿子被霸凌致死的父亲,他说:"把孩子培养成野蛮人就好了。"话语中潜藏着无奈与悲愤。日本青少年自杀率高，有较大比例是因霸凌引起。

对男孩的霸凌，往往是肉体的伤害；对女孩的霸凌，更多是精神的摧残。精神上否定人性，会把受欺负孩子的生活彻底毁掉。当自己的人性被否定后，可能会转而否定他人的人性，未成年人即使知道这是非人的行为，也难以自控。

日本的"圈子"文化，在学校中就开始养成。校园里有一条不成文的潜规则：不可引人注目，只有泯然于众，和大家保持一致，方能安全。引人注目者会被当成靶子，毫不留情地遭到集体性攻击，欺凌到体无完肤，直至将其击垮。

1980年1月9日，日本各大报都在社会版报道了一位少女剖腹自尽未遂的事件。女孩名叫西村光代，当时只有十四岁，出生时父母都已年过三十，对她十分娇宠，作为家中唯一的孩子，外婆对她更是近乎溺爱，这使她有一点任性，不够乖巧变通，容易成为霸凌对象。

事件源于初一的转学，西村光代所在的班有个女生，染着黄头发，目露凶光，是全年级的"老大"。刚转到班里时，"黄毛"跟她说话，她没怎么理会，由此遭到忌恨。没过多久，在"黄毛"的策动下，全班同学不再跟西村光代说话。只要她一进教室，周围就会投来像针刺般的目光。

最难受是中午，日本中学生要集体在校吃饭，其他同学都三五个聚到一起，只有她孤零一人，便当也变得生冷，难以下咽。

在全校共用的教室里，女生们把侮辱她的话用刀刻在书桌上，落款还刻上她的名字，以引来外班同学的嘲笑。女生们还将她的铅笔盒、文具、护身符扔进垃圾桶；趁她上厕所时，将一桶冷水浇在她头上。

到了初二,调整班级,好不容易交到几个朋友,西村光代把她们当成好伙伴,将自己的私密事,包括身体上的隐疾、暗恋着谁都和她们说了,结果却遭到出卖。那三个女生说,从来没把西村光代当朋友,和她在一起只是为了引诱她说真话。

西村光代想报复她们,用割腕流下的血写下遗书,记下了所有出卖她的人的名字,用于诅咒。要让她们知道自己曾经多么痛苦。

西村光代在超市买了一把水果刀,来到西宫市武库川的岸边,坐在泥泞的草地上,两只手握着刀,刀尖对准自己的肚子,握了很久,就在刀尖快要垂下那一刻,她眼前浮现出一个个欺负她的人的脸,她们得意地笑着,她仿佛能听到这种嘲笑声。

一瞬间,她怀着仇恨,鼓足劲向自己腹部一口气连刺三刀,躺倒后又刺了两刀。但没人告诉她,剖腹并不会立刻死去,而且很疼。她选择用自杀的方式来复仇,痛苦却完全反弹到自己身上。

那一刻,她才感到后悔,也只能低声呼救。幸运的是,她被两个路过的年轻人发现。她哆嗦着嘴唇说:"我要是死了,请替我说一句,我是带着仇恨死的……"

救她的那个女人说:"你千万不要这样说,你要活下去!不管有什么事都要活下去。我们一定会救你,绝对不要灰心……"说着,她把自己的外衣脱下来盖在西村光代发凉的身体上。

西村光代心想:这个人要是在我的班里该多好啊!

她得救了,康复出院,但更不可思议的事发生了。父母为了保全面子,竟让西村光代回到原来的学校,还进原来那个班,这样残酷的安排，对人的摧毁力是加倍的。

在班里，当西村光代站起来介绍自己的兴趣时，一个同学竟然说："这家伙的兴趣是刺肚子。"现实远远超出她所能承受的极限。

西村光代开始逃学，变得行为不端，加入飙车党，自以为找到朋友，她看见一男一女在吸毒，顺嘴就说，也给我打，但被拒绝了。她以为人家是为她好，其实人家是怕她注射毒品后，思想不受控制而杀人。

十六岁时，西村光代成为暴力集团头目的妻子，为融入组织，她还在背上刺有观音和蛇的文身，堕落为不良少女。她看到世上所有肮脏的东西，不再相信任何人。

二十一岁时，西村光代当上陪酒女。这时，她遇到一个从小就认识的人，父亲的挚友大平先生。这是她人生的救命稻草。他多次跟西村光代说："现在也不晚，重新开始新的人生吧。""你走偏了路，并不是你一个人的责任，可是如果你永远不站起来，就是你的不对了。"

在大平先生的督促下，西村光代重生的念头渐渐强烈起来，经过九年努力，二十九岁时，她以初中学历通过司法考试，现已成为帮助走上歧路少年的优秀律师，但不是每个遭遇霸凌的少女都能如此幸运。

这是西村光代下决心重新开始的时候，大平送给她的几句话：
现在正是出发点
所谓人生每天都是训练
是我自身的训练场

是能够失败的训练场

是享受活着的训练场

现在不享受这种幸福

何时何处才能幸福

想着这种喜悦拼命向前

我自己的将来

就在这一瞬间

此时不努力更待何时

京都大仙院　尾关宗园

想找回失去的人生，并非一咬牙、一跺脚就能实现。仅靠西村光代自己的力量，转变人生是很难的。在她意志薄弱的时候，快要被压力压垮的时候，大平先生都耐心倾听，不断支持和鼓励她。西村光代的生父临终前，恳请大平收她为养女，因此她改名为大平光代。

一个人在生命中，遇到真正关心自己的人，他就会全力以赴！

受传统意识影响，日本女性就像蔷薇花，要向上生长，就要把自己缠到有根的东西上，得到好的依靠和引领。如果缠到方便筷子上，那就全毁了。

"巨乳风潮"起

相比霸凌，随着经济发展，媒体及影视对女性物化的宣传，更为随意和直接，甚至不会引起多少社会反感。

第二次石油危机的次年，日本前所未有的经济繁荣的1980年，被称为"巨乳元年"。

战后首次"巨乳风潮"兴起！河合奈保子就是这年出道，她的童颜巨乳让众多男性眼前一亮。大学时代拍摄比基尼的宫崎美子也是在这年崭露头角。

自此以后，日本的"巨乳风潮"几乎每隔十年出现一次，每次出现，日本经济都会飙升一番。与之相对的还有"裙摆效应"，女性裙摆越长，股市就越低迷，女性裙子越短，资本市场越会出现牛市。

1980年，与消费女性身体的物化宣传同步，越来越多的女性走入职场。这一年的流行语正是"职业女性"。其中相当一部分女性属于家庭自营业主，也就是从外面揽活在家干。对此，政府制定《家内劳动法》，包括确保支付工资、最低工资制度、安全卫生等规定。此后日本女性就业人数稳步增长。1980年以前，已婚女性的就业率不到半数，到1983年，已婚女性就业率升至51.3%。

从前的大家庭里，女性养育孩子多（1940年平均每个母亲生育五个孩子，母亲的平均寿命只有五十岁），终日虾着腰忙碌，没时间停下来思考，也不容易看到外面的世界。物质条件改善后，男主外、女主内的传统分工仍然把女性牢牢束缚在角色里，那些在精神上得不到满足的女性自然想要挣脱。

20世纪80年代后期，日本女性教育理念也开始向男女平等教育回归。随着职业女性增加，仅有短期大学学历难以进入名牌企业。报考四年制大学的女性增多，一些短期大学升级为四年制大学。短期大学也不断调整办学方式，增设社会急需的专业，如宠物学等，拓宽女性就业领域。

促使女性走入职场的因素中，影视剧的力量功不可没。20世纪七八十年代，日本电视台推出多部女性题材电视剧，包括《排球女将》《空中小姐》等，剧中带有鲜明行业励志色彩。根据真人事迹拍摄的电影《典子》，讲述了天生没有双臂的少女通过努力成为政府职员的故事，由辻典子本人主演。影片结尾，她孤身乘车去看望一个经常给她写信的残疾姑娘，不料她已经自杀。姑娘的哥哥祝福典子"永远是个强者"。影片揭示社会现实，使观众从她肢体的残缺中看到她心灵的美和意志的坚强。此类作品对激励女性起到很好的示范作用。影片播出后，本田公司为典子量身定制了一辆可供残疾人驾驶的汽车。

最有名的电视剧要属《阿信》，该剧讲述了八佰伴第一代创业者，出身贫寒的女孩阿信通过奋斗，最终出人头地，成为大超市老板的传奇经历。1983年，《阿信》引入中国，同样激励和感动了无数中国观众。

这个时期，职场女性开始流行画"粗眉"。男人的眉毛比较粗、眼窝轮廓更突出，女性将眉毛画得稍显粗重，会使自己的外形更接近男性，显得更加干练。职场女性很注重自己的装扮，即便是在建筑工地看门的女性，也画着非常精细的妆。

随着女性就业率提高，她们要兼顾工作和家庭，在丈夫仍然习惯不做家务的情况下，问题也暴露出来。

来自中国香港的旅日歌手陈美玲，就曾引起一场风波。她工作的时候，把尚在哺乳期的孩子带到现场，令日方工作人员十分诧异。此事引发媒体大讨论，批评者认为，陈美玲不该把孩子带到成人工作的地方，这样会扰乱秩序。拥护方则主张，不应只让女性承担养育孩子的责任，社会应为职业女性能兼顾工作和家庭提供条件。

这场争论竟然持续了两年，足以说明在如何为女性创造更好的就业环境问题上，社会仍有很大分歧。当"育儿爸爸"这个词流行起来，已是2009年的事了。时至今日，陈美玲女士的三个儿子都进入斯坦福大学读书，她成为育儿成才的典范。

与抚育孩子相比，男女就业中的差别待遇更是陈年旧账。日本企业倾向于把女性划为"二流劳动力"。男女工资差距巨大。1978年，包含兼职，女性的平均工资约为男性工资的56.2%。

但是，即便工资低到买件衬衣都要犹豫不决的地步，工作仍是女性通向自由的最佳途径。

1986年，日本政府开始实施《男女雇佣机会平等法》，这部关于禁止歧视职场女性的首部法律意义重大、影响深远。该法律规定了女性在录用、晋升、培训过程中，禁止歧视的义务和原则。几经修订后，该法律强化了禁止歧视的具体措施和制裁措施。例如，禁止因怀孕、生育等理由施加不当待遇；雇主无权解雇怀孕及产后一年内的女性；雇主有防止职场性骚扰的义务。该法律的制定预示着倡导女性自主自强、自食其力的时代来临。

此后，女性的职场参与度趁势而上。为提升企业美誉度，一些大公司开始尝试录用大学毕业的女生为管理职位候选人。这些女职员初进公司时，因引人瞩目被大肆宣传。

但是，20世纪80至90年代，能够升至高管的女性凤毛麟角，少数女高管被称为"蜂王综合征患者"（认为只有自己像蜂王一样优秀）或"形同花瓶"（自身缺乏实力，只因需要提高管理层的女性比例而被提拔）。

"平等法"之后的职业女性，承受不小压力。只要男性分担家务的情况没有改善，女性就必须同时兼顾职场和家务两方面，取得个人成功和作为女人的成功，若不能同时实现，社会就不会将其视为一个完整的女性。这也导致了职业女性的结婚年龄不断推迟。

煎熬在家庭里

20世纪80年代的日本，经济空前繁荣，女性一边享受资本文明带来的富足，一边为身为女人而受到的诸多限制和不公感到苦闷。

"二战"后四十年，"男主外、女主内"的家庭结构，使女性在陪伴和教育子女成长方面赢得了时间上的绝对优势，被称为"丧偶式育儿"。尤其对男孩来说，对母亲的依赖明显大于父亲，这使母亲在家庭中的影响力增强。女性家庭地位上升。

日本家庭的核心逐渐向母亲转移，而平常当甩手掌柜的男性，并不心甘情愿让出阵地，毕竟他们是家庭财富的主要创造者。

20世纪80年代，家庭男女关系处于胶着状态，女性整体在进步，向着追求独立迈进，而男性的思想四十年间进步缓慢，他们仍然简单地认为，工作是男人的生存意义，而带孩子是女人的幸福。这样的想法自然容易引发矛盾。

男人需要好的女人,舒适便利的女人,让男人奋发的女人,让人感到母性的女人,无论如何要给我面子,不管怎样打骂都会无条件接受我的女人。

可日本女性早已回不到从前,她们的头脑中情感丰富,不再是只会劳作的机器了。女性的思想和视野逐渐开放,她们对家庭生活的焦躁不满和受害意识也随之增加。

许多中产阶层家庭,丈夫是埋头苦干、追求升职加薪的"企业战士",久而久之忽视和冷落了妻子。妻子长期为家庭付出,丈夫却没有向妻子道声谢谢,甚至连吵架这种沟通都很少。妻子将委屈埋在心底,每天过着没有温度、没有感情的生活,无边无际的空虚和孤独,层层压迫着妻子们。

熬到最后,这类主妇精神崩溃,她们把家里弄得一团糟,再以酒精麻醉身体,最终酗酒成瘾,住进精神病院。有的甚至选择出轨寻求刺激,更有严重者靠吸毒麻痹自己。在20世纪80至90年代初,此类家庭问题具有典型性。调查显示,她们的丈夫大多是各领域成功人士且对妻子感情迟钝。

某位银行分行行长夫人,住在高级公寓,丈夫早出晚归,时常出差,长年的空虚寂寞,入夜难眠,使她喝威士忌成瘾。朋友赶到她家时,她已喝到吐血。朋友赶忙要叫救护车,她却阻拦道:"不要打电话!邻居看到救护车,我丈夫会很没面子!"朋友只好叫来出租车,把她送去医院。

自己命悬一线,还不忘丈夫的面子。精神和物质都依赖于男人的女性,拥有了丰富的情感,倒不如"白纸一张"来的洒脱。

某位主妇在婚姻中煎熬了二十年,当丈夫对她说"你给我滚"的那一刻,她突然感到很幸福。

家庭冲突甚至暴露到国外。日本驻加拿大某外交官,因琐事与老婆争吵,吵不过便拳脚相加。第二天,丈夫继续上班,老婆则去医院治疗外伤。医生感到惊讶,一再追问下,妻子终于吐露实情。医生们都很气愤!立刻报警,该外交官旋即被捕,可是警方调查身份,发现他有豁免权,只得将他释放。

到这一步,原本还能偃旗息鼓。可这位外交官面对记者提问竟大言不惭地解释道:"打老婆是日本文化。"

一言激起千层浪,一个拥有高学历的外交官,不但打老婆,还将其上升到"文化"层面,这些言论遭到西方媒体猛烈抨击。当时,日本女性团体发出抗议:"不要把这种人派出去,给日本人丢脸!"

日本"家庭暴力调查研究会"对战后出生的第一代女性做了调查,她们平均年龄43.5岁,普遍具有短期大学学历,有七成婚后参加过工作。她们或多或少遭受家暴的比例竟高达78%。

在家暴具体内容栏,有人写道:"突然把我从楼梯上推下来","把我的脸按到热水炉旁边"。男人的武器不仅是拳头,还有球拍、木刀、皮带、衣架,所用方式有打、踢、扯、拿烟头烫等。

某位女性在十项家暴形式外还有补充。她写道:"零下五摄氏度的严冬,让我全身赤裸站在院子里,一盆冷水从头浇下来……"

调查反映出日本家庭暴力的普遍性。施暴者包括企业高管、医生、教授,家暴本身和男人的地位、学历、收入,并无明显关联。

由于经济上不能完全独立,已婚居家女性整体都在忍受。她们谦卑而无望地忍耐着，以极大的勇气忍耐着，没给夫家留下任何不幸的记录。

女人的价值，是由男人的选择而定。男人的价值，是在男人世界的霸权斗争中决定。若想得到女人，先要在霸权斗争中取胜，作为"战利品"的女人会自动跟来。活力门公司原社长堀江贵文③曾豪言："女人跟着钱来！"英雄身边美女成群，未必是夸张。

这种文化促使男人疯狂投入竞争，而女性看似轻松却难获得应有的尊重，沦为附属品，要看男人的脸色行事。

男人在意女人的评价，是在这个女人凭自身能力获得财富地位以后的事。

据说，某位长期患厌食症的女性，进入三十岁以后，感觉自己身体已对男人失去价值，便开始放心吃喝，终于长胖。久治不愈的厌食症消失了。对她而言，年龄与体重都退出了"女人"的范畴，退出以后才回归自我。

20世纪80年代，日本女性对自身要求的提高，导致她们有生存的烦恼，这恰恰值得肯定。可惜，男性主导的社会还没做好准备，无法安置女性爆发的能量。相当多的职业男性在家不仅不带孩子、不做家务，还要妻子伺候饮食起居，夫妻交流也少。某条电视广告以妻子的口吻说道："孩子他爸，祝你身体健康，最好别回来！"

繁荣的社会，就一定是适合生活的社会吗？步履匆匆的都市人看起来更像戴着假面，化过妆的演员，摩天大楼林立如高成本的电影背景。举世震惊的日本经济高速增长，是以日本女性耗尽青春、默默奉献，难以形容的空虚和寂寞为代价，才一步步实现的！

泡沫经济幻影

20世纪80年代中期,日本成为世界最大的债权国。日本产品物美价廉,欧美企业雇佣成本高,在竞争中处于劣势,这引起了美国的不满。由于日本在安全方面依赖美国,因此美国要求日本对日元进行干预。

1985年9月,美、日、英、法、西德五国财长和央行行长在纽约召开会议。大藏相竹下登走进广场饭店的时候,其他四国财长笑脸相迎,媒体特意把美国和日本并称为G2。

接着,与会各国财长共同向日本施压,希望达成五国联合干预汇市,诱导美元对主要货币有序贬值,以解决美国巨额赤字的方案。

"广场协议"签署后,日元剧烈升值!五国政府大量抛售美元，国际游资趁机跟进，形势很快失控。日元将升值到何种地步，就不是某份协议说了算了。当时人们还看不清，这是美国成功抑制日本经济的拐点。

不到三年，日元对美元升值一倍。这犹如给正常人吃人参、鹿茸，让他玩命地消耗，再雄厚的底子也得虚呀。要不是日本积累了足够的软实力，换别的国家早就垮了。

为抑制日元上涨，日本政府一面调低利率，一面投放大量货币干预市场。结果资金顺势冲入获利高且快的房市和股市。"广场协议"签订后五年间，日本股价以每年30%、地价以每年15%的幅度上涨，同期日本GDP的年增幅只有5%左右。日本被形容为遍地是黄金，有留学生专门到自动售货机出币口捡零钱，运气好的话一天就捡两三万日元，钱已经多到这份上了！

泡沫经济起来了！房市和股市被严重催高，整个日本进入物欲横流的"镀金时代"。东京的地价可以买下整个美国！拥有住房变成普通市民遥不可及的梦想。

尽管如此，对日元升值的后果，很多人只看优势。大批国民趁着日元升值出国旅游，女性走出国门看世界，奢侈品店里挤满了日本人。巴黎香榭丽舍大街最壮观的景象是奢侈品专卖店，导购刚把新款包包摆上柜台，日本女人眼睛都不眨就高喊："这一排我全要了！"在新宿的街头，名牌包成为女性的标配。

到20世纪80年代末，日本每年出国游人数增至1000万人次，其中女性约占40%，跨国婚姻逐渐增多。政府修改了《国籍法》，日本女性与外国人结婚后，生育的子女便可取得日本国籍。此前该法规定，只有日本男性与外国人结婚，其子女才有资格取得日本国籍。

在日本国内，一些主妇不愿再出去工作逞强，在家炒股都比普通职员赚得多。邻里间结成派对，相互交流"驭夫术"，探讨如何管理丈夫。避孕套已成男人最供不应求的商品，主妇万不可掉以轻心。

当经济突飞猛进时，自民党长期执政也超过三十年，拥有言论自由和结社自由，但长期执政的自民党依然弊案连连。

1989年6月，首相竹下登因"利库路特事件"辞职，自民党面临交出政权的危机。党内推出了"形象清廉"的外务大臣宇野宗佑出任新首相。

宇野少年从军，第二次世界大战后被关押在西伯利亚服苦役，根据那时的体验写下《故乡东京》一书。他喜欢俳句，擅长绘画。这样多才多艺的人，上台后的表现却让人大跌眼镜。

上任伊始，宇野高喊要"恢复国民对政治的信任"。没过几天，他就上了娱乐版头条，被爆出与某位艺伎有染。艺伎是体面职业，私下包养算不上情节严重。关键这位不好好养，人近中年的艺伎在报上披露，宇野经常对她态度粗暴，最终抛弃。

这就不好办了，人家委身于你，你却不给人温暖，这种品质的人还配治国？

负面消息把宇野团团包围。对老婆不忠和欺负"二奶"，他把天下女人都得罪光了！马上将要进行参议院选举，偏巧与他对阵的是社会党新任党首土井多贺子。

在野党推出日本首位女党魁，掀起"麦当娜"旋风。自民党正撞在枪口上，在气头上的女性怒不可遏，选票一股脑儿投向社会党。自民党惨败,战后首次丢掉了参议院控制权。

1989年8月,上任仅两个月的宇野宗佑闪电辞职,成了当时"最短命"的首相。这就是女性选民的力量。此后,全国掀起了一轮女性参政热潮,土井多贺子更是当选众议院议长,成为日本宪政史上首位女议长。日本政治家得出教训,任何一个不尊重女性的公众人物,都难以存活!

1989年,"巨乳风潮"再次出现,泡沫经济达到巅峰。许多人都以为好日子可以持续下去。然而,随着政治人物的信誉破产,泡沫经济也将走向尽头。

注解：

①吉永小百合：日本著名女演员，日本影坛享誉最高的女影星之一。1945年出生，从小受到良好的艺术培养。1959年，十四岁的吉永小百合初登银幕。高中时主演《化铁炉的街》，十七岁获得"蓝绶带奖"最佳女主角奖，被影迷称为"小百合花"。她的美有种动人心魄的力量，就像一株百合。高中时期，她拍摄了20部青春片。1963年，主演《伊豆的舞女》，更给人清纯女性的印象，成为优质女性代言人。1973年，她与电影制片人冈田太郎结婚。此后继续电影事业，囊括多项最佳女主角奖，银幕生涯拍摄影片超过100部。

②兰波：19世纪法国著名诗人，超现实主义诗歌先驱。天生带着野性种子到处奔波的通灵诗人。1854年出生，十五岁能以拉丁文写作各种诗歌，家庭的不幸造就了他放荡不羁的灵魂。1871年，他离家出走参加巴黎公社。巴黎公社失败后逃回家乡。兰波开创了一种求索于潜意识和幻想力量的自由诗风。他写道："我的生命不过是温柔的疯狂，眼里一片海，我却不肯蓝。"1871年，十七岁的兰波遇见二十六岁的诗人魏尔伦，这段"特别的爱"激发了他狂歌醉舞的诗性。但到了十九岁，兰波便放弃诗歌创作，此后在亚洲和非洲冒险，从翩翩少年变成面容严峻的成熟男人。但他声称："在任何情况下，都别指望我性情中的流浪气质有所减损。"兰波只活了三十七岁，却为后世开创了一种生存和反叛的方式。1968年，法国发生"五月暴乱"，巴黎学生将兰波的诗

句写在街垒上,"我愿成为任何人,要么一切,要么全无"!

③堀江贵文:日本知名门户网站"活力门"创始人和前总裁。1972年出生,1995年他和两名东京大学同学辍学创业,2000年将公司上市,三十岁成为亿万富豪,也是日本年轻人的偶像。他的私生活极尽奢华,宣扬"金钱万能论"。经营企业过程中,堀江不顾日本商界传统规则。父亲曾教导他,为了争夺利益,你可以无限接近监狱,但千万不要进去。2007年,东京地方法院以违反《证券交易法》为由,判处堀江贵文有期徒刑两年六个月。

第五章 1990—2012 实现经济独立

随着泡沫经济的崩溃，更多女性走出家庭进入职场，经济自主能力提高后，女性的家庭地位上升，家庭结构也随之发生变化。

自己改变现状

1990年，日本政府意识到泡沫经济的潜在危机，主动采取措施将泡沫刺破。但是，由于金融紧缩政策操之过急，股市、房价随之暴跌，引发企业破产潮，就业机会减少。日本的终身雇佣制在战后首次被打破，人们的惯性生活受到影响，面临减薪甚至失业。

许多男人早已习惯了循规蹈矩。清晨，穿上西装，睡眼惺忪地随着人流涌进地铁。到公司后，努力把自己打造成同一模子里刻出来的样子。

2013年的电视剧《半泽直树》里面有这样的镜头，半泽小时候，父亲手握一枚树脂螺丝，叮嘱他："干什么工作都行，一定要珍惜人和人之间的交往，不能干那种像机器人一样的工作。"

剧中影射的正是战后职场的常态——社畜群体,直到泡沫经济崩溃,像机器一样工作的人依然很多。

当时,这样的男人已无法养活整个家庭。而主妇们仍试图激励自己的丈夫,日本女性一旦要催你奋进,你不想奋斗都不行,压力山大!

有的主妇要求男人尽量晚回家,回家早了就要给你脸色看!主妇们相互攀比,你的丈夫回家早,说明在外面没有应酬,没应酬说明工作不上进。回来的越晚说明应酬越多,越有本事!

她们会做出像艺术品一样的"爱妻便当",让丈夫更加珍惜自己,从而激发他的上进心。用私房钱给丈夫买名贵的公文包,让他体会到"你不是一个人在战斗"!同一公司的主妇们会定期聚会,谁的丈夫即将晋升,谁家又买新房了,她们会第一时间告诉自己的丈夫。主妇们以爱之名,设计诱导男性之间的强烈竞争。

但现实中,哪有那么多逆袭成功者啊!丈夫往往被无形的压力逼得走投无路。于是,下班后不敢回家的男人,聚在公司打麻将,体力好的到居酒屋买醉,到歌舞伎町玩弹子机,有的甚至找到了情人。

长期的男主外模式,使社会催生了这样的文化:养不起妻儿,还不起贷款,被视为男人的耻辱。赚不来足够的家用,女人表面不说什么,内心的鄙视却掩藏不住。男人在外承担一切风雨是理所应当的事,社会没给承担不起的男人一个出口,承担不起成为悖论。

然而现实中,一个普通男职员,刚买到房子,房产就崩盘,背负数千万日元债务,公司也跟着倒闭。还不起贷款,房子将要被没收,为保全妻子和儿女,这个男人自愿选择离婚。他从此没有了家,只得睡在公园里。或找一份临时工作,租个小房度日。

很多怕丢面子的男人甚至选择自杀。失去归属感与认同感，日本男人很容易走上绝路。

从本质上讲，日本男人看似强大，其实在某种程度上他们是被女人操控着。经济危机时，许多有钱男人破产后，意志消沉，在女人面前的笑容都软弱无力，性格变得乖僻，成为自身恐惧的奴隶，主动把女人抛弃，或在半癫狂状态下甩掉女人。

这时，女人们才意识到，要靠自己才能改变现状。20世纪90年代初，部分家庭的财务危机促使女性投入职场。稳定的婚姻关系开始松动，1991年离婚率暴增2.5倍。此后二十年，离婚率呈持续上升趋势。日本逐渐出现晚婚、晚育现象。越来越多的人对此选择包容，不再报以嫌弃和冷眼，倾向于把这种现象当成活出自我的生存方式。

离婚数量增多，催生离婚产业。法律事务所想尽办法帮人离婚。提供维权、调查、索赔、谈判等"一条龙"服务。银行顺势推出"离婚贷款"业务，帮助人们在离婚后开启新生活。2009年还诞生了"离婚屋"，专为夫妇举办离婚仪式。2010年中国电影《非诚勿扰2》便有与之相似的情节。

泡沫经济破灭后，用工人数降低，女性就业增长率有所下降，但就业人数仍在上涨。1991年，已婚女性就业率达53.2%。泡沫经济后期，女性就业人数更是大幅上升。与之相比，男性就业人数却在下降。随着产业结构调整，此前以男性为主导的产业大幅裁员，第三产业的兴起却给女性带来了更多的就业机会。

这期间，通过十余年努力，涌现出了新兴行业企业家——寺田千代乃。千代乃十七岁时嫁给一名货车司机，那时她才念完中专,便做了家庭主妇。丈夫开了一家物流公司,仅有两辆货车,因经济不景气,经营陷入困顿。生活难以为继时,梳着娃娃头、长相温顺可爱的千代乃站了出来,与丈夫一同工作。她考取了大型车辆驾驶证,把孩子放在副驾驶座上,自己开车运货。

有一次,她从车载收音机里听到,京阪神地区(京都、大阪、神户)每年的搬家开支达400多亿日元。当时日本人搬家找的多是运输公司,而运输公司只把搬家看作副业,争抢为企业运输的大单,丈夫的小公司自然竞争不过。她想,搬家竟然有那么大市场,不如把主业就锁定在搬家,换个车道,说不定能生存下来。

她说服丈夫,成立"阿托搬家中心"。千代乃以主妇特有的"第六感",把搬家由运输业向服务业转型,使公司业务迅速发展。例如:搬家时不需要主妇装箱打包,一切物品由公司负责包装、整理;搬家难免给邻居添麻烦,公司会给左邻右舍送道歉点心、道歉面条;运输中使用双层新式搬家货车,业主全家可坐在二层,与行李一同抵达新居;行李搬进新居前,工人会换上雪白的新袜子;考虑到单身女性更注重隐私,此业务由女性搬家工人完成。

"阿托"改变了搬家行业只能由男人一统天下的局面,构建出轻盈灵动的业内新形象。如今,"阿托"已成为日本知名的大型专业搬家公司。

经济危机到来后,女性的雇佣形式也发生变化,非正式雇佣员工数量大幅增加。女性抱着各种思绪投入工作,热情反而被激发!到20世纪90年代中期,出现了前所未有的女性创业潮。女性终于成了自己想要的样子!家庭收入来源的调整带来家庭观念的更新。平成时代,被认为是脱离昭和时代"男主外,女主内"

这一家庭观念的时代。女性从男性的弱点中获取了自信。

不过，这种转变也给女性带来新的压力，女性参与工作后，做家务的时间并未明显减少，养育孩子的责任仍落在女性肩上。可喜的是，随着越来越多的女性进入职场，男性参与抚养孩子的程度加深。数据显示，女性收入越高，男性做家务的时间越长。

《男女雇佣机会平等法》经过二十年实施，职场女性的积极性和进取心获得提升，一批出类拔萃的女性通过长期稳定的贡献，凭实力进入企业高层。2004年，美国《华尔街日报》评选"全球最值得关注的50名商界女性"，宝马东京公司总裁林文子作为唯一一名日本女性入选。2005年，记者出身的野中知世担任三洋公司董事长兼首席执行官（也有媒体称这是三洋公司为保住"家族世袭"而实施的障眼法），成为日本第一位执掌大型电子企业的女性。

2006年，日本女性科研人员数量首次突破十万，达到科研人员总数的11.9%，创历史最高水平。

伴随女性经济自主能力的提高，社会地位也获得提升，商家在设计产品时，更加注重女性的需求。

全自动照相机的款式和结构的变化，将注重女性需求体现得淋漓尽致。从前，照相机的款式以黑色为主，这显然是以男性为设计对象。当女性尤其是高中女生成为购买主力后，逐渐发展为银色、银灰色机身，机身四角被特意设计成圆弧形。

女性会把轻巧的照相机挂在脖子上，起伏的胸部触碰到坚硬的棱角自然不舒服。改款后的机身曲线更柔和、更美观，不同颜色的机身也容易搭配服装。这些设计变化表明，当女性的购买力增强后，她们的需求更受商家重视。

梦冒险的"天堂"

日本泡沫经济崩溃，带给外国人的感受却是不同的。日本企业趁着日元升值到海外攻城略地，从家电到汽车大打广告，日本制造依然冠绝全球。外国人仍以为日本遍地是黄金。1995年，酒井法子通过电视广告登录中国，以一首《梦冒险》成为万千男生心中的女神。她也是20世纪90年代在中国知名度最高的日本女明星。

20世纪90年代初，从中国大陆到日本的"淘金者"有增无减。一些是合法的留学生，但更多的人持短期签证，然后黑下来打工。偷渡活动日益猖獗。到了20世纪90年代中期，偷渡者犯罪问题成了日本社会关注的焦点。东京歌舞伎町就是一个缩影，流血和死亡在这是家常便饭。

华人黑帮分子大多出身极为贫苦，从小野蛮生长，欠下巨债偷渡日本，他们把这里当成犯罪天堂。这些黑帮不敢针对日本人，往往把矛头指向自己的同胞。

很多大陆女性到日本后发现，在这里她们很难找到赚钱多的工作，一部分人选择从事色情服务。某位在歌舞伎町上班的中国大陆女性，下班回家后遭到华人黑帮抢劫，嘴和手脚被胶带缠住，银行卡被夺去。劫匪逼她说出密码，可那是自己的血汗钱！她说了个假的，顷刻间就被劫匪割掉一个乳头，无奈之下，她只好说出了正确的密码，卡内将近500万日元被抢走。

她是个签证过期的黑户口，如果报警自己就会被遣返回国，劫匪往往就盯上这些人。在举目无亲的异国他乡，时刻要提防自己的同胞，实在是一种悲哀。

在日本警察署，某位中国翻译曾听到日本警察训斥一位从风俗店被抓来的亚裔女性："你们不是有人在日本法院告我们逼你们做色情服务吗，你拿着假结婚签证跑到这里卖身，又有谁逼迫你了？"

那个时期，在日本的很多中国大陆女性，都面临着两难选择。

日本人对中国印象的改变始于2008年，北京成功举办了奥运会，看着无比惊艳的开幕式和运动员的精湛表现，日本人才真正感受到了改革开放后中国的巨大变化！

文化的「发情装置」

1997年，亚洲金融风暴席卷东南亚，经济萧条使整个日本的消费市场陷入低迷。

经济不景气，日本的性产业却依然如火如荼，甚至流向全世界。早期拍摄"小电影"的女优，幼年时期普遍遭受过言语、身体虐待甚至性侵犯。其他入行原因包括家中借债、被逼沦落，或是想不顾一切赚快钱。2000年之后，性产业出现新变化，一些精神世界健康的女性，自主选择入行。例如，受到中国网友热烈推崇的苍井空。

苍井空出生于东京普通家庭，有两个哥哥、一个姐姐和一个妹妹。高中毕业后她取得保育员资格。18岁时，苍井空在涩谷街头被星探发现。起初，她没有答应，因为男友反对，他反对的不是"小电影",而是自己的女友参与拍摄。当他们分手后,她仍想入行,并起了艺名苍井空,意为"蓝色的天空"。母亲对此表示"不赞成、但支持"。这是日本主妇在内心不情愿,但家庭成员尤其是男性下决心后,普遍采取的态度。苍井空工作的同时,还在推特上记录下自己的心情,让人们看到一个女优的内心世界竟是如此阳光!2010年5月,苍井空为中国玉树地震发起义卖募捐,筹得10多万日元。

日本是一个他律社会。日常生活中,日本人给人一种谦恭温和、严谨踏实的印象,其实有些是装出来的。

时间长了,压抑已久的真实性情自会爆发!监督环境一旦丧失,马上就会露出完全不同的本性,家庭暴力、孤独冷漠、自杀等。这就是如此严谨的日本社会,性产业和性文化如此发达的原因。

异化女性的影片,成为帮助男性释放压力、满足特定需求的工具。几乎所有影片都是男性视角下,将女性的性极端"商品化"的产物。然而,这种异化是相互的,女性也在其中反击和变相操纵。她们懂得如何哄男人,哄骗日本的男权文化。一群被女性虚假高潮哄骗的男人,心甘情愿为虚假买单。

男人们相信,无论在社会上多么弱势,只要能在性方面支配女人,就可以扭转一切负面因素。不依靠金钱和暴力,依靠"性力"通过"快乐"的支配,让对方自发服从,便体现出这种终极支配。

那么,日本女性如何看待"小电影"呢?日本女性对于身边的男友,一定要看"小电影",甚至使用从中习得的性爱技巧的做法并不非常理解。近年来,由于"小电影"制作公司营收下降,市场上出现了越来越多面向女性的"女性向电影"。片商在"精致唯美、清新浪漫"的基础上,全面转换成女性视角。工作团队以女性为主,导演也是年轻女性。影片中的男优,工作好、长相帅、性格温柔、愿意服务女性,优点一应俱全!

与男观众对女性身体的如狼似虎完全不同,此类影片开始30分钟后,双方还衣衫整齐地并肩坐着聊人生。故事情节和爱情动作之外,影片强调对恋爱的细节展示。温馨的小幸福情节,甚至可以演上10分钟,抚慰女观众缺爱的身心。

片商还在线下建立女性性话题专属社群,他们还会为线下会员举办男优见面会等主题派对。同时,女性观众会利用线上社交媒体,分享她们的观后感和影片最新消息。

随着经济和社会地位的提升,女性已不再完全依赖男性单方面提供性乐趣,而是更为自主地去寻找、沟通、建立让自己感到舒服的性生活方式。

然而,在媒体报道中,"女性向电影"的出现仍被贬低为反主流现象。社会并不鼓励女性出于同男性一样的动机,和男性一样去享受性生活。

20世纪90年代后半期,随着手机和互联网的普及,色情文化向低龄发展。

少女的身体本是"禁止用于性目的身体",可男人们对这种身体开出高价,让少女们发现了"外行女人"也是性存在的事实。女性的性再次被"商品化"。这是双方自愿的,只要觉得值,女性就甘愿把自己当成商品交易,趁身体还值钱捞一把。

批评者认为这源于道德观念淡薄或家庭因素，这仍是站在男性视角的主观分析。实际上，许多用身体交易的少女恰恰把这种交易和道德分开了，她们不认为两者有何关联。她们中的大多数人并不贫穷，这样做的目的仅是为了购买高档服装和化妆品。她们在道德观念和这种交易行为尚未构成冲突的年纪，男人们便拿着金钱引诱她们。

调查显示，此类少女并非全是染着头发，耳朵、舌头上穿着金属环的不良少女。她们看上去很正常，有的甚至就读于管理严格的教会女校，这种行为也没有影响她们的学习成绩。

从20世纪80到90年代，出现了恋爱与性的自由市场化。女人们把被分离为"圣女"与"娼妓"的身体，收回到自己手中，"外行女人"与"内行女人"的界限模糊了。拥有母亲、妻子、女儿的身份，照样可以用身体挤入性自由市场。

男人们为自己参与创造的"产业"感到震惊。他们被迫接受这样的现实，自己的妻女也未必是站在分界线的这边。

竭尽一生保护你

经济持续低迷，必然拖累政治。20世纪90年代的日本政坛，经历剧烈震荡。1993年，自民党发生分裂，有"破坏王"之称的小泽一郎带领本派系宣布脱离自民党。

此后，小泽一郎通过一系列合纵连横，将自1955年以来执政三十八年的自民党拉下马，成立"七党一派"联合政府。导致自民党下野的根本原因是"金权政治"。

1993年8月，细川护熙出任首相。日本迎来"55年体制"建立后首次政党轮替。细川护熙曾提名劳动省官员高桥久子出任日本最高法院法官，打破了男性对最高司法职位的长期垄断。电台主播出身的小池百合子也在他的提携下，在政坛崭露头角。此后，日本政坛左右翼力量的制衡被打破，左翼势力趋向瓦解，右翼势力扩大版图，在形成新的政治平衡之前，首相如走马灯般更换。日本政坛从此进入动荡期。

法律规定公务员不能参加任何政党，这确保了技术官僚阶层的稳定。但首相频繁更换导致政策缺乏连续性，无法制定出长期有效的内外政策，拖累经济复苏。

尽管如此，日本的女性发展政策依然延续。总理府妇女问题担当室改组为总理府男女共同参与室。男女共同参与的定义为：男女作为社会平等的成员，拥有参与政治、经济、社会及文化所有领域的活动机会，在享受成果的同时分担责任。定义明确了该机构的行动目标，为女性发展指明了方向。

1993年，还有一件大事，就是德仁皇太子大婚。剥离权力之后，作为国家象征的日本皇室，早已成为百姓津津乐道的话题。皇太子德仁的婚姻，与其父亲相比，过程仿佛发生了轮回。

德仁找老婆也很难，他比弟弟文仁还晚结婚，弟弟的孩子都出生了，德仁还在进行爱情长跑。

1987年10月，在欢迎西班牙公主的音乐会上，皇太子德仁对自信坦诚、优雅恬静的小和田雅子一见倾心。

雅子的出身也非同寻常，父亲曾官至副外相，雅子五岁时，因父亲的工作变动而搬往美国纽约。雅子的高中至大学时光都是在美国度过的，她就像"半个美国人"，从哈佛大学毕业后，又到英国牛津大学进修。

雅子性格活泼，擅长垒球等体育运动，通晓多门外语，二十四岁进入外务省工作，立志成为一名出色的外交官。

在雅子二十四岁生日的时候，德仁通过东宫事务官送花到小和田家，公开表达追求。

许多日本女性，希望雅子能够把现代西方文化带进等级森严的日本皇室。但雅子本人却不愿意，正田美智子作为首任"平民王妃"，她的遭遇早已蜚声国际。雅子不想步其后尘。更何况，她当时已是冉冉升起的外交新星，日美关系专家，被外务省派到重要部门北美第二部。她曾在前首相竹下登与美国国务卿的会谈中担任翻译。

但德仁对雅子的追求并未放松，"死缠烂打"的精神与其父如出一辙。此时德仁的年龄已超过三十岁，宫内厅的人也很着急。雅子的父亲经常接到宫内厅打来的电话，口气一次比一次严厉，甚至跟下命令一样。

小和田家终于扛不住了，雅子来到东宫被强行安排与德仁约会，两人交换了电话号码。直到德仁求婚时，雅子仍然说："我晚点会正式答复您，但答案可以是不吗？"

对此，皇室的人找到雅子，他们换了套说辞，告诉她："嫁入皇宫照样可以继续外交生涯，不答应这门婚事，即使再出色你也是普通外交官。如果成为太子妃，日本皇室今后将有许多外事工作等着你来承担，你将以更高的身份参加外事活动，实现雄心壮志，维护世界和平，为日本做出更大贡献！结婚和事业可以两全！"

正是这样一番话打动了雅子，一条"金鱼"终于快上钩了。

为了消除小和田家的顾虑，"平民皇后"美智子亲自打来电话，向雅子及其双亲保证，她会尽全力保护雅子，只要雅子愿意嫁给她儿子。

媒体报道，德仁在娶雅子为妻的时候，说过这样一句话："我将竭尽一生全力保护你。"这句话，击中了万千日本女性的心。

但在女性主义者看来，"保护"意味着将人关进围栏之中，终生支配。无论那个围栏是温室还是监狱，无甚区别。不少年轻女性也认为，雅子放弃外交事业是一种遗憾，纵然是嫁入皇室也不值得。这与当年看待正田美智子的心态已大不相同。

男人的爱，往往以所有与支配的形式体现。女人的爱，有时也表现为服从与被拥有。

果然，等待雅子的正是不折不扣的"被囚之人"的现实。

1993年6月9日，小和田雅子成为嫁入日本皇室的第二位"平民"太子妃。主流媒体又把它描述成迪士尼白雪公主的故事。

进入20世纪90年代，日本女性的地位看上去大幅提高。各大商家紧盯着新王妃的各样物品，只要是王妃爱用的，马上就可以成为潮流。雅子的爱车丰田卡罗拉Ⅱ销量猛增！有关雅子的化妆品广告都打到中国了。

按理说，社会风气更加开放，雅子的情况应该比美智子当时有所改善。可在订婚典礼上，她因为发言比德仁长了7秒，就被斥为"失礼"。

美智子将出嫁时的皇冠传承给雅子，但雅子并未如外界所期待的那样将欧美的"西风"吹进日本皇室。她和德仁居住的东宫，贴身侍从和女官有几十名。这些人和"伺候"她婆婆的人一样，门第高贵、资历深厚。雅子稍有不慎，就会惹来各种流言蜚语。

雅子婚后才发现，媒体和民众根本不在乎什么皇室外交，人们只关心她的肚子什么时候能带来一位皇位继承人！

入宫十二年，雅子才出访五次。宫内厅限制她外出，希望她留在宫中，增加和皇太子接触时间……

出嫁时，雅子已经三十岁，怀孕本来就难。1999年12月，好不容易怀孕7周的雅子不幸流产。

多年未育导致雅子压力倍增，她陷入了深深的沉默。她和婆婆一样，都成了生育工具。

历经种种艰难之后，2001年，雅子终于生下女儿爱子。公主的降生给国民带来了极大喜悦！记者会上，雅子激动落泪，这次她没照着稿念，而是说出了自己内心的声音，让国民看到了昔日女外交官的风采。

可是，雅子的困境并未结束，宫内厅公开向她施压："国民们都期待太子妃能生第二个孩子。"看雅子没动静，宫内厅又公开声称，为了皇族的繁荣，希望皇太子的弟媳纪子，能生第三个孩子。

现实，终于让四十岁的雅子感到绝望。

2004年7月，宫内厅正式宣布，雅子被诊断患有适应障碍症，通俗说就是抑郁症。民众本来就热衷八卦，现在消息一出更是全国皆知，雅子的压力更大了。

在出访欧洲前的记者会上，德仁说："一直以来，基于雅子的资历而否定其人格的行为确实是存在的。"

此后，雅子远离公众活动，前往父亲的山中别墅静养。这时，宫内厅又要上门探访雅子，但被强硬阻止。

东宫长官公开表示，宫廷中有些人一心想让雅子精神崩溃，以达到让德仁和她离婚的目的。

这倒还不至于，德仁和雅子的感情依旧很好。经过多年调养，想到抚养女儿爱子的责任，雅子恢复了精神和体力。

一晃几年，爱子到了上学的年纪，鉴于对日本校园环境的深刻了解，雅子最担心的是女儿被同学欺负。

日本小学生的霸凌，可怕得令人发指。在日本，学生要脱鞋才能进教室，有人就把碎玻璃放进同学鞋里。学生游园，有人会把铅笔和垫板塞进长颈鹿的嘴里，连那么高的动物都不放过，变态招数举不胜举。

果然，太子妃的担心变成现实。爱子的班上有男同学欺负女生，爱子就在其中，为此她不想上学。雅子做了看似极端的决定，全程陪读。每日跟着爱子一起上课，连吃午饭都陪在女儿身边，反正比在宫里待着强。

女儿成为雅子生活的重心。有一次，雅子参加有天皇出席的晚宴，为了照顾爱子，她迟到了。谁敢让天皇等待，这在以前是不可能发生的。

论坚韧和隐忍，雅子不及美智子，但在倔强方面，雅子更胜一筹。

雅子没有再次生育，可是根据日本王位继承法，继承皇位人必须是男性。2006年，德仁的弟媳，四十岁的纪子生下皇子悠仁，打破了表面平静的池水，抢占了爱子的"C位"。

如今，爱子早已成年，今后谁来继承日本的皇位呢？恐怕还要上演一番宫廷大戏。

2019年5月1日，雅子接过美智子的冠冕，成为日本的新皇后。缥缈之旅，依旧艰险。

日本两代王妃，交替接班，她们都受过良好的教育，拥有健康的人格，容貌才学俱佳，是日本女性中的佼佼者。然而，当她们踏入宫门后全都失语，无法不令人唏嘘。

至今，日本皇室仍在沿用一百多年前制定的皇室典范，限制皇室成员的言行。同时，根深蒂固的女性歧视仍蔓延在整个社会。皇族成员在法律之下的女性人权，似乎没有人要去保护。

选票的价值

相比之下，普通女性似乎更容易受到保护。20世纪90年代，随着社会文明进步，丈夫对妻子直接动粗的比例有所减少，而语言和冷暴力成为新特征。精神虐待取代肉体虐待。

长期受虐待的女性，往往变得自轻自贱，陷入无力感，被夺去自信心，失去活下去的力量。

2004年，日本的《防止家庭暴力法》得到修正，新法规定：虐待不仅指身体虐待，还包括经济虐待、精神虐待。不给生活费属于经济虐待。日常生活中，丈夫即使没有对妻子拳打脚踢，但禁止其外出、检查私信、强迫看色情影片，属于精神虐待。丈夫辱骂妻子"什么事也做不成""像你这样的蠢货不会明白""无趣的女人"，也属于虐待。

"家庭暴力"定义的延展使许多女性恍然大悟,原来我结婚以后一直在受虐待呀!女性不禁反问:"你怎么会和'愚蠢''无趣'的女人结婚呢?所谓'愚蠢''无趣',才是被你选中的原因吧。"身边有个能随意嘲弄的对象,可以让部分男人反复确认优越感,确立自我身份认同。

许多女性当然无法忍受,在离婚问题上,女性开始转为主动。"婚外恋""性格不合""与丈夫的家人不合"成为离婚的主要理由。"对方不接受性交要求"也被视为正当离婚理由。

到了法庭上,做了亏心事的男人普遍心惊胆战。在保障女性权益方面,政府制定的政策和法律走在了社会发展的前面。日本女性通过选票为自己争取了权益。

从1969年日本第32届众议院选举开始,女性投票率首次超过男性,此后女性投票率一直高于男性。竞选时,政治家为了获胜,就要推出对女性有利的政策,当选后制定法律时自然会倾向女性。女性认识到选票的价值,参政意识更加提高,形成良性循环。这就使政府在维护女性权益方面,走在了时代的前列。

日本《婚姻法》对离婚时的财产分割,原则上婚后属于共同财产的部分,无论夫妻各自收入水平如何,都会遵循双方对半原则。

婚姻关系中,如果家庭主妇没有任何收入,同样可以获得婚后共同财产的一半。法律认可"作为内助的功劳",即"一方之所以可以离家赚取家用,是得益于在此期间,另一方对家庭事务的分担与支持"。

财产分割时遵循的对半原则,适用于大部分情况,当然也有其他可能性。如果妻子承担了所有家务及教养孩子的责任，同时还和丈夫一样兼职赚取家用，此时法院可能会判定妻子对家庭的贡献比丈夫更大，财产分割会对妻子更有利。

法律还规定，夫妻离婚时，在共同抚养的原则下，会考量将抚养权判给有利于孩子福祉的一方。尽管法律没有明确写明，但是在争夺孩子抚养权上，女方比男方拥有压倒性优势。如果女方获得抚养权，男方必须向女方支付赡养费，赡养费根据男方的年收入，按比例计算。这也是考虑到对单身母亲生活的照顾，防止其沦为弱势群体。

丈夫出轨或打骂妻子，被视为有责配偶。妻子在财产分割时会更受照顾，同时还可以提出精神损害赔偿（离婚抚慰金）。

在遗产继承方面，法律考虑到妻子的内助功劳，家庭主妇以自己名义获得财产比较困难，规定遗产继承时，配偶份额提高到二分之一，且妻子继承的份额几乎不需缴纳遗产税。根据2019年厚生省调查，日本男性平均寿命81岁，女性平均寿命87岁，此规定被认为偏向女性。

1999年，日本实施《男女共同参与社会基本法》，作为推进男女平等的基本法律，该法跳脱了旧式的"妇女问题"专项思维，强调从社会制度和传统习惯方面改善男女不平等现状。国民要致力于在一切领域对男女共同参与社会发展做出贡献。国家和都道府县有义务负责，国民有承担努力的义务。

2001年，总理府男女共同参与室升格为总理府男女共同参与局。该部门设置在首相之下并由官房长官兼任管理，将女性发展纳入国家经济和社会发展的总体规划之中，使政策执行效果明显提升。

现实中,日本女性可以利用手中权利,影响政策和法律的制定,但实际落实起来仍有一定差距。

原配与情人

在婚姻关系中,难以避免出现第三者。而日本却很少有手撕"小三"的现象,日本妻子和丈夫的情妇之间,究竟是如何博弈的,看看"官能小说"家团鬼六的"神运作",略窥一斑。

团鬼六,本名黑岩幸彦,在日本被誉为"官能小说"主将。他和小自己十三岁的情妇安纪子及其妻子之间的故事,戏剧性地体现了三者之间的微妙关系。

安纪子三十岁那年,身为歌手的她前往银座,祝贺团鬼六的俱乐部"鬼之馆"开张。两人初次见面,团鬼六就跟她说:"下次来我家(工作室)玩吧。"

安纪子去玩过几次后,就成了和团鬼六同吃同住的专职秘书。当时,团鬼六的妻子和儿女就住在工作室附近。

时间长了,安纪子要求团鬼六离婚,而他竟然"做到了"。

安纪子作为情妇的第八年,团鬼六与妻子协议离婚。一年后,三十九岁的安纪子与五十二岁的团鬼六登记结婚。

新婚旅行,两人选在长野县的温泉。之后,安纪子成功怀孕。安纪子怀孕后,神奇的事出现了。团鬼六的前妻竟然奇迹般地回来了,她经常出入团鬼六和安纪子的家,形成了一个新的三人家庭结构。

而安纪子没哭没闹,接受了这种结构。原配和情妇,实现了"王车易位",这一切正是团鬼六的"神运作"!安纪子形容,前妻是"团鬼六"这部剧的前篇,自己是后篇。

作为著名编剧,团鬼六身边总是围绕着形形色色的女性。安纪子说:"我是他的妻子,要是看到家里多几个女人就坐不住,那我注定会被淘汰。"

这种自知之明,很符合日本女性"通情达理"的一面。但安纪子并非毫不"吃醋"。她的战术是,对那些常来团鬼六工作室的女模特们说:"别忘了让他给你买东西","哄他那样的老头开心,不换点实际的怎么行……"

只要情妇不对正室地位构成威胁,正室乐得与之"和谐"相处。日本情妇通常不愿争位,她们只想捞好处。表面上看,男人是得胜者。实际上,女性从心里把男人看"轻"了,男人变成生活的佐料。玩弄之心大于感情,方能如此从容。

作为原配,发展出"第一"比"唯一"更好的精神胜利法,聊以自慰。有的主妇甚至给丈夫的情妇发工资,按月打款。暗示你:财权尽在我掌握!而情妇的权益也受法律保护。

电视剧是现实心理的投射。20世纪90年代电视剧《总务二科》，就露骨演绎了情妇的心态。

某一集里，公司大老板去世了，九个情妇都有财产继承，被安排得妥妥帖帖。而葬礼上，突然出现第十个情妇。高管们都惊了，这是假的吧？人家拿出证戒（老板把刻有名字的戒指送给情妇，确认其身份）、证书，还带来了私生子。结果十岁的私生子，名正言顺地成了公司未来接班人。电视剧的情节虽是离谱，但体现的正是男权社会的大环境。

在日本，当情妇自有一套规则。你得给我情妇身份，按月保障供应，甚至资助我的创业项目。我要做到的是恪守本分，如果我妄想扶正，这种"越界"行为也会遭人嫌弃。潜规则之下，即使原配和情妇彼此恨得咬牙切齿，没机会也不出手。

当然，并非所有原配都能与丈夫的情妇保持"和谐"，遇到丈夫有外遇，果断离婚的大有人在。当面争吵不一定有严重后果，压抑持久的爆发，后果一定严重。松本清张[①]的推理小说《点与线》，描写的正是日本的正室与情妇。在隐蔽的角落，她们的斗争更为激烈和残酷。

从婚姻中毕业

日本夫妻关系发展到后期，出现一种新型模式——毕婚，2004年，作家杉杉由美子的纪实文学《劝毕婚》，使该词流行起来。

毕婚的意思是，夫妻从婚姻关系中"毕业"。双方依然维持法律上的夫妻关系，但在生活上各过各的日子。

毕婚与离婚，只差一道法律手续，但在关系处理上更加柔和、委婉模糊的态度，正合日本人的口味。毕婚作为新型夫妻模式，逐渐被日本社会接受。

不离婚，对配偶不多加干涉，做自己想做的事，活得有趣，这样对方也会觉得轻松。对此持正面态度的人越来越多。年龄偏大的夫妻更容易接受毕婚，女性赞同比例高于男性。

日本孩子工作后会选择独立生活,大多数夫妻到了五十五岁左右,要重回二人世界,经历一段空虚期。

两人自然会展望今后的漫长人生,重新思考相处模式。想要毕婚的夫妻,他们年轻时往往执着于追求给别人看的价值,而不是紧紧拥抱对方,去深入了解对方,这样的家庭有很多。

毕婚大多是妻子提出的。理由很多,"既然我俩都身体健康,那我希望双方去追逐各自的梦想,希望有独处的时间";"事无巨细都要向丈夫汇报,太麻烦了"。

毕婚模式有多种,家庭内分居,家务各管各的,或是妻子在附近租房,时不时见面。也有双方约定,一旦对方生病就停止毕婚。具体模式每对夫妻都不一样,毕婚没有完全撕破脸,跟孩子见面也会比较从容。

目前,日本的离婚数量呈下降趋势,破裂家庭在减少。然而,现实或许是在看不见的地方,夫妻关系正悄然瓦解。

熟年离婚潮

与毕婚相对，日本中老年夫妻兴起"熟年离婚"。所谓熟年，就是老年，通俗讲就是老夫老妻离婚。

2005年，朝日电视台电视剧《熟年离婚》热播。该剧第一场戏，供职于一流企业的丈夫在退休当晚，收到妻子扔来的《离婚申请书》，要求他签字盖章。面对突如其来的变故，丈夫惊慌失措。

日本夫妻关系中，妻子单方面依赖丈夫，把自己的人生寄托于对方，而丈夫把妻子当作生活的陪衬，一心为公司和社会尽心尽力，这样的组合并不少见。随着时代发展，妻子们的独立意识逐渐苏醒，家庭也就迎来了"悲剧"结局。

电视剧播出时，正好是第二次世界大战后第一次婴儿潮出生的人退休的年代。他们的婚姻基本以相亲为主,丈夫埋头工作,妻子持家育儿,许多夫妻看剧时感同身受。

《退休后的丈夫怎么这么讨厌》一书同样引发主妇们的共鸣。许多主妇对退休后的丈夫爱不起来,因为她们在婚姻期间从未停止成长。做家务之余,学烹饪、练瑜伽、跳舞蹈,有自己的社交圈,生活丰富多彩。丈夫退休后,这种规律的生活被打破,而男人们依旧跟大爷似的笨手笨脚,毫无自理能力。他们不再赚更多的钱,却还要一如既往的被温柔伺候,主妇们当然不乐意。

另外,一些女性在婚姻期间受压迫较重,男性过于强势,尤其是一些有权有钱的男人,风光得意之时做过对不起妻子的事。妻子一直隐忍,因为男人还在养家。待到这样的男人年老退休,女人便趁机还以颜色。

婚龄超二十年的中老年离婚案件中,90%以上的离婚申请是由女方首先提出。人生还有三四十年,子女也已成家,该是换个活法的时候了!日本现行《退休金离婚分割制度》规定,2008年4月1日起,全职主妇离婚时最多可以分得丈夫一半退休金。坚定地想要离婚的女性,只要踏实坐等就行了。

"熟年离婚"说到底还是感情问题,双方缺乏对婚姻的经营。相濡以沫的夫妻,可以坐着摇椅慢慢变老,是不会考虑分开的。形同陌路的夫妻,选择"毕婚"或"熟年离婚",主要考虑经济或体面等因素,与其勉强挤在同一屋檐下,不如过各自的生活,这应该是更好的选择。

这种现象表明,稳定压倒一切的家庭结构正在被打破,社会对离婚的包容度有了明显提高。2005年调查显示,日本人对离婚的容许度升至 60.2%。战后成长起来的年轻人，不再像前辈那样循规蹈矩，女性独立意识增强，更具智慧和斗争经验。

如今，多数女性都有兼职，并不完全依靠丈夫。即便要离婚，也不必非要忍到丈夫退休。而男性呢，严重缺乏自理能力，退休金再被分走一半，离婚的老年男性中出现了自杀案例。

婚姻，就是两个人搭伙过日子，双方应有极强的主体性，即使各自独立生活也没问题。在一起后，两人共同经历喜怒哀乐，难过时相互安慰、相互扶持，共同享受生活，要比一个人过得好。所以结婚的前提，无论男人还是女人，都应该是独立的个体。

"美女刺客"选举忙

20世纪90年代后,日本首相更替频繁,经济发展出现瓶颈。二十年间未见起色,媒体形容为"失去的二十年"。但日本的科技发展依然领先世界,综合实力不容小觑。

在此期间,日本年轻人一直渴望改变。一位特立独行的政治家人气高涨,就是小泉纯一郎,在刻板装束的日本国会,他留着一头披肩发,人称"独狼",受到众多女性选民偏爱。

2005年,小泉开创了"美女刺客"的竞选套路。他亲自挑选了数十名新生代候选人,组成"小泉的孩子"选举团队,集中推出多名女性参选,她们普遍年轻,是有从政等社会经历的职业女性,在各自领域拥有高人气。女性选民情绪被调动,在众议院选举中所向披靡,赢得胜利。

小泉首相任内（2001—2006），先后起用包括日本第一位女外相田中真纪子在内的八位女大臣。其中担任环境大臣的小池百合子，成功推动"清凉夏装"运动。多年来，日本公务员行事刻板，无论天气多么酷热，男公务员仍是西装革履，空调开得很低。小池百合子以身作则，号召他们换上清凉夏装，以便提高空调温度，贯彻环保理念。这是日本女性在政坛最活跃的时期。

小泉这样做的根本目的是吸引女性选民支持他的结构性改革。作为前首相田中角荣的长女，田中真纪子问政犀利、言辞果敢，曾为小泉上台立下汗马功劳，自称是他的"政治之妻"。但到了2002年，当小泉与她政见不合时，便毫不犹豫将其解职。接着富有戏剧性的一幕出现了，他提名战后日本女性登上世界政治舞台第一人，享有国际赞誉的前联合国难民署高级专员绪方贞子继任外相，后者以不胜国会答辩为由拒绝。未征得对方同意就提名任用，显示出权力的傲慢。

尝到扶植女性候选人的甜头，2009年，有"女性杀手"之称的小泽一郎如法炮制，在他担任民主党党首期间，一口气提名多位性感美女参选，人称"小泽女郎"。此举促使四十名美女进入国会，帮助民主党夺下政权，再次实现政党轮替。此次选举共有五十四名女性当选众议员，占议员比例11.3%，创历史最高纪录。

不过，小泽选人不够慎重。"美女团"的当选女性虽然外形靓丽，但普遍缺乏从政经验。进入国会后，她们不是被问责，就是被爆拍过色情片或偷情。担任一届议员后，这些女性再次竞选时基本全部落选。

所有美女候选人中，有一位非常特别，她是聋哑女公关齐藤里惠。1984年,她出生于青森县,未满两岁时,因髓膜感染引发高烧,永久失去听力,成了聋哑人。但父母坚持让她在普通小学念书,还要她学习钢琴,这让齐藤里惠的童年压力山大。小学四年级时,班主任在黑板上写下"因为你是坏孩子,所以神明罚掉了你的耳朵"。受此打击,齐藤里惠沦为"青森第一不良少女",她看不到自身的价值。

有一天,齐藤里惠和同党聚会时,一家高级酒吧的妈妈桑路过,她一眼便认定,齐藤里惠能够成为酒吧女公关。在灯红酒绿、挥金如土的银座高级酒吧,聋哑公关怎能吸引客人呢?这时她从小苦练的书法派上了用场,身体的残疾使她更能体察别人的内心。有一次,店里来了位会社高管,坐下后不断感叹"很辛苦"。齐藤里惠就在他写的"辛"字上加了一横,指着眼前的"幸"字写道:"现在辛苦是为了日后的幸福。"客人掉下了眼泪,离开时露出了笑容。

聪慧、美貌、勤恳,让齐藤里惠在银座越来越受好评。2009年,她出版自传《笔谈女公关》,迅速登上畅销榜。在她家乡青森的销量甚至超过村上春树的新作《1Q84》。二十五岁时,她成为青森观光大使。

齐藤里惠深信残疾人有被隐藏的才华。2015年,她参加东京北区区议员竞选,以第一名高票当选!同期还有一位落选者,正是刚入籍日本的中国人,歌舞伎町"案内人"李小牧。

目前,日本政坛进行过三次"美女刺客"选举。民众普遍厌恶金权政治,女性候选人被视为"干净"的政治招牌。由于当选率高,各政党打着扶持女性参政的旗号,引诱美女竞逐议员,目的只是为了党派利益。女性选民也认为女性会为自己争取更多权益而投票支持，结果可能害了她们，让她们像无知的小白兔闯入黑森林一样。有评论称，将大选变为"女优选举"，是对国家政治不负责任的做法。

2020年1月，日本警方在东京都内的海岸发现前众议员三宅雪子的遗体，警方怀疑是自杀。三宅雪子曾作为优秀记者在2009年被民主党推出参选，以"美女刺客"的身份挑战拥有雄厚资源的前首相福田康夫，这让媒体着实兴奋了一把！她通过比例代表当选众议员。但此后，三宅雪子更换党派，两次选举均以失败告终。喧嚣过后，归于沉寂。很可能是接受不了现实的落差，政治花瓶破碎了。

日本有像小池百合子、莲舫（日本首位华裔国务大臣）那样的女性政治家，她们并非凭借一时的名望和颜值，而是在女性参政意识普遍提高后逐渐产生从政念头，通过长期耕耘，坚持不懈地努力经营，才成功地在男性主导的政坛打出一片天地。

两个女人的选择

政治是男人的"强心针",美女竞选只能纾困于一时。利用美女做形象代言,倒是可以双赢。

2007年,是中日文化体育交流年,日本政府选出两位女性担任交流亲善大使,她们是酒井法子和福原爱。两人一个秀丽,一个可爱,外人很难想象,她们身上其实都背负各自的"债",都有最脆弱的一面难以示人。

2009年8月,日本媒体爆出一则惊人消息,酒井法子的丈夫因非法持有兴奋剂被捕。酒井法子人间蒸发,七天之内,所属公司、各大媒体、亲朋好友都找不到她。警方发出逮捕令,电视上连续滚动播报,引发的关注犹如一场海啸!

酒井法子一直以健康向上、清新靓丽的形象示人,是日本艺能界的正面代表。出事前，很少有人知晓她的坎坷过往。

酒井法子1971年生于福冈，这是日本黑社会组织聚集之地。小时候，她曾好奇地盯着父亲身上刺着的花秀。酒井法子没承认过父亲的真实身份，但她的生母时常遭受家暴。

在她出生后不久，父母便分开了。母亲离家后不愿再带着法子，便将尚在哺乳期的女儿寄养在其父老家，佐贺县一座小寺庙里。

几年后，酒井法子被自己的姑姑收养。在这期间，生母突然死亡，原因不明。年幼的法子一直以为姑姑就是母亲，直到七岁时，才从姑姑口中得知，"你不是爸妈的亲生女儿。你真正的爸爸想接你回去，你愿意吗？"

这太突然了，酒井法子犯了一阵糊涂，一股寂寞的寒流袭上身来。她哇哇地哭了起来。从姑姑问她，到最后回答他们，酒井法子经历了很长时间。

此时，父亲已再婚，法子上小学二年级时，她和继母一同搬到福冈，家里还有尚是婴儿的弟弟。从那时起，她就开始学会观察大人们的脸色行事。

她再也无法撒娇，有时还会受到继母责骂，会被扇耳光、体罚。法子发现只要自己不要零食，不要喜欢的衣服，不提任何要求，继母就会夸奖她，她心里美滋滋的。为了生活得好一些，年幼的她学会了如何讨好和忍耐，不对别人敞开心扉，尽管如此她也未被完全接纳。

这种生存手段在事业上可以助其成功，她拼命想着如何取悦别人，让更多的人喜爱她。但把一味讨好的个性放在感情上，反而造成严重失衡。

酒井法子的乖巧也未能影响父母的感情,父亲家暴继母,家庭再次陷入混乱,而她在旁无能为力。那种生活一直持续到法子小学毕业,父亲再次离婚、结婚。法子被迫融入新的家庭,辗转生活一直到初中。所谓的"家",更像是卑微的寄宿站。

幸运的是,新的继母是来自东京的知识女性,人很漂亮、性情温和,对法子视如己出。

从小生活在混乱中的法子渴望获得旁人的认可,她最初的偶像是同样出生于福冈的松田圣子,那是与山口百惠、美空云雀齐名的三大歌姬之一,法子反反复复听她的唱片,以致后来两人无论气质还是曲风都很相似。

当有人问法子今后的梦想,她总会回答:"想当偶像。"

初三快毕业时,酒井法子参加了一款洗发水形象代言人预选。经纪公司的人来到她家,对继母说:"你家女儿虽然歌唱得最差,但她身上有很特别的闪光点。"

为踏上演艺之路,法子来到东京,遇到了再生父母,当时所在事务所的社长相泽秀祯。他非常理解并关照年少的法子,让其十六岁成功出道,参演电视剧,拿到新人奖。

有一次,法子在购物中心为顾客们表演,有人说她是"傻子",法子在唱歌听不见,但看口型就能猜到。她在台上哭得不成人样,下台后遭到经纪人训斥:"被别人骂了也要微笑!"她这样鼓励自己,坚持走下去还是红了!

然而,年少爆红除了给法子带来了大众的认可,还有巨大压力。这种压力,让她再次陷入讨好型人格,让她想要不顾一切维护住自己的完美形象,努力做到外界渴望的一切。

怎样才能更有魅力呢?为了别人使出浑身解数。这种过度在意,给法子以后的生活埋下无法排解的压力。因为从小家庭动荡,善恶观和是非观并不分明,而她又十分向往美好的家庭生活。

她很晚才对男性产生爱慕之情。1997年,她与著名编剧野岛伸司的一段四年恋爱结束。疗伤期的法子与好友四处游玩,结识了自称"职业冲浪选手"的高相佑一。

高相佑一外貌英俊,浑身散发出一种"自由"的气息,内心始终像个少年,常不知人在何处、在做什么,这反而给法子增添了神秘感。他朋友众多,热爱嘻哈音乐,经常带法子出入各种地下俱乐部,踏足她未曾见过的世界。

法子觉得他非常特别,两人很快陷入甜蜜恋爱之中。出道以来,她一直被经纪公司隔离于世界,接触男人的范围很窄,看到一个就以为与众不同,殊不知从暖男到渣男只差一步!

1998年,法子挺着大肚子宣布婚讯,她"希望能建立一个温暖、时刻充满笑声的家庭"。几个月后,两人在夏威夷举行婚礼,之后儿子出生。

在法子口中,丈夫家境优越、为人正直,十分疼爱她,也很有家庭责任感。然而媒体发现,高相佑一是个花花公子,表面热情,内心脆弱,甚至有些阴暗。

然而,已经陷入爱情的法子,对此视而不见。

在婚姻里,法子扮演绝对顺从的角色。家中有很多冲浪用品,为了不让它们受热变形,丈夫对法子下令"不准关空调"。丈夫经常在外喝到醉醺醺,回家打骂法子,打累了倒头便睡,留下遍地残局。法子收拾完毕,还要帮他准备第二天冲浪的用具。甚至有传言说,法子的丈夫和法子的闺蜜发展地下情。

为了儿子,为了维护完整家庭,法子一忍再忍。她接受丈夫提出的一切要求,只求他能继续待在家,扮演父亲和丈夫的角色,即使婚姻渐渐名存实亡。

一代巨星,为何无法远离渣男?只因她身边再也没有可以依靠的肩膀。法子十八岁时,父亲突然因车祸离世。父亲早期虽不称职,而且是旧式作风,在女儿面前绝不示弱,但他的内心仍关爱女儿,给她取名"法子",意思是"走正道"。长大后法子一直认为父亲就像一把雨伞,下雨时拿出来撑就好。

父亲去世后,法子曾在采访中流着泪说:"希望他在那边过得快乐。"之后很长一段时间,父亲是她不能触及的话题。

2000年,法子的经纪人沟口伸郎自杀身亡。对她而言,沟口伸郎在一定程度上扮演了父亲的角色。他慈祥、爱护、善于挖掘法子的潜力,法子在娱乐圈爆红,很大功劳都在此人身上。

痛失两位亲人,法子感到自己彻底无家可归。丈夫成了她唯一的依靠,这导致她无法脱离满是裂痕的婚姻。然而,一味地忍让却没有让婚姻变好。

法子发现,丈夫居然背着她吸毒,毒瘾竟一天比一天大。

2008年,当她提出离婚的时候,丈夫告诉她,吸了这个就没有烦恼了。丈夫开始用尽一切理由,诱惑法子吸毒,甚至让她产生一种错觉:假如我跟丈夫拥有一个惊天的秘密,我们之间就会产生一条线,把我们紧密联系在一起。吸毒或戒毒,这些构成我们共同的羁绊,夫妻关系一下子就可以改善了。

守住婚姻的执念要有多么强烈，才能相信这个荒唐的理由，把手伸向毒品。吸毒后的法子跟丈夫说过好几次要戒毒，他们都清楚自己的身体已经越来越差，两人发誓再也不碰毒品。但是，他们却没有实际行动，吸毒前还存有的罪恶感，吸毒后就全忘了。

法子后来发现，吸毒根本无法拯救婚姻，原本已经开始决裂的夫妻关系和生活状况进一步恶化。然而，大错已铸，等待她的是无法阻挡的恐怖未来。

法子失踪那几天，她和继母躲在公寓里，每天除了哭，还是哭。看着事态越来越糟，不知该如何面对外界，面对未来的人生，她脑海里萌生了轻生的念头。

"妈妈，我不想活了。"听到这句话，继母一再对她说："你要是死了，儿子怎么办？"听到儿子两个字，法子瞬间崩溃。从小家庭不幸，她一直暗下决心，一定要让儿子在正常的环境中成长。她一再坚持维系婚姻，就是为了给儿子一个完整的家。希望他能拥有自己不曾拥有的幸福。然而，她还是把一切搞砸了。

最终，酒井法子鼓足勇气，选择面对！她坐车来到警署，车外人潮如水，摄像头撞击窗户的声音清脆，头顶上直升机在空中轰鸣。她流泪走入警署，平生第一次被戴上手铐……

酒井法子成长于20世纪80年代，男权社会的气息依然浓重，男人作为一家之首，拥有主导权利。男人引的路对了，女人自然就好，男人引的路歪了，女人也会走歪。

这样的社会环境，让女人认为当男人的附属品是件正常的事，这导致大量的女人，因为男人糟糕的行为而变得不幸。电影《被嫌弃的松子的一生》反映的就是这种情况。

直到事发后,法子仍未能马上下决心和丈夫分开,她选择离婚都经历了一番挣扎,足见男权思想之深入。

意识到自己问题所在,从根本上改变自己的思维,才能明白如何生活是最好的。

法子从小耳濡目染错误的两性关系:男人滥情和家暴,也是理所当然。作为"被抛弃的孩子",当自己面对两性关系时,不知该如何付出,也不知如何被爱。这个过程中,竭尽全力为对方付出,好几次努力过头了。起初的逃避和受审时努力隐瞒事实,使她在公众心中的形象破碎。

"如果不兼顾周围的人们,是活不下去的。"她在残酷的娱乐圈习得的"本能",也是作为偶像最有利的武器,这些"技能"却全部输在了婚姻里,人生总是充满了讽刺。

日本女性骨子里有种对男性的臣服性,而男性也乐于享受操纵的快感。

著名乒乓球运动员福原爱的家庭,也并非温暖和煦。父亲对福原爱的生活有重大影响。对于打球,父亲完全是外行。但他对福原爱的每场胜负都尤为看重,一旦女儿输球,他会现场要求立刻改变打法,这种指导毫无章法可循。从三岁九个月就教福原爱打球的母亲千代都对此无可奈何。

福原家中奉行"父亲至上"原则,她的母亲只能听之任之。像父亲那样的临场指导方式,非常不利于福原爱的发挥。

不仅如此,20世纪90年代,福原爱父亲经营的建筑公司据传欠下3亿多日元债务,尽管靠福原爱的转会费和广告收入还掉部分欠款,但依然债台高筑。

长期以来，家庭收入都依赖福原爱一人。2004年，双亲离婚。有传闻说，她的父亲是出于保护家庭，避免全家受债务拖累，才决定离婚。但对于福原爱的职业生涯，他一直都有干涉。

直到2009年，世界乒乓球锦标赛，福原爱早早出局。她才痛下决心，由其哥哥转达，拒绝父亲干涉。后来，福原爱成立公司，取名"千秀企划"。

无论是父亲干涉，还是家庭债务，福原爱承受的压力并非寻常。她在中国台湾出版的自传《不管怎样的哭法，我都准备好了》，书中对父亲只字未提。人们看到的"爱酱"始终保持微笑，她把不能说的话埋在心底，尽量使自己的心灵不被扭曲，这是需要功夫的。在中国媒体上，福原爱总是一副可爱面容，大家最喜欢她头脑简单。而在日本媒体镜头里，她也有冷静和锋利的目光。

她早年来沈阳练球，无论是私人教练汤媛媛，还是辽宁队爽朗的东北妹子，身处可以随心所欲敞开心扉的环境之中，对她养成外向型性格，有正面影响。

尽管如此，看似好打交道的福原爱，内心也设了三个圈层，作为自我保护机制。她曾自述，投缘的人进入第二层并不难，要从第二层走入核心圈，需要很长时间。除了家人，很少人能够抵达。自幼成名，生活中有太多人来来去去，好人很多，但也会遇到"坏人"。她最怕心机重的人，感到对方有所图会立刻退缩。有人伪装得好，进入了第二层，但经过时间检验，发现了对方的心机，又会悄然将其挪到圈外。正因如此，她成年后鲜有恋爱经历，而最终突破这三层围圈的是中国台湾乒乓球选手江宏杰。

2017年，福原爱和江宏杰在东京迪士尼乐园举办婚礼。返台后夫妻携手拍摄广告，秀恩爱。在外人看来，当时的两人是完美组合，五年中生了一儿一女。福原爱做全职太太，和传统主妇别无二致。丈夫归家时帮他拿包、换鞋。但是，国际婚姻的磨合、照顾幼儿的艰辛、生活的琐碎，传统主妇都会身心俱疲，何况是星光闪耀的体坛偶像。

对她来说，丈夫与父亲也许有几分相似，想控制的太多又缺乏足够能力。或许就是自己想过另一种生活，才下定决心结束婚姻。与酒井法子相比，福原爱同样面临被社会舆论吞没的境地。两个女性，背负各自的"债"，红尘落尽之余，皆是独自前行。

世间的万象，原本就不是非黑即白。不论你对此生的决定为何，一定要真诚地对待自己。

家庭模式创新

进入 21 世纪，日本的单亲家庭和老龄化，成为社会面临的两大难题，一方是单亲妈妈，一方是独居老人。

2010 年开始，日本"代际交流生活促进会"推广了一项"单身妈妈＋独居老人"的家庭模式。该促进会通过各种渠道牵线搭桥，让有意向的单身妈妈和独居老人住在一起，彼此照应。

三十三岁的单身妈妈野山秀子，带着两岁女儿，搬进了六十七岁独居老人合田雄夫的家，开启新生活。这对男女既不是父女，也非夫妻。他们之间有"明文规定"，合田负责接送孩子去幼儿园，早晚两餐则由野山负责。日常清洁由合田负责，周末则由野山负责。

这种独辟蹊径的家庭模式，为很多单身妈妈和独居老人找到了新家，政府部门、民间组织也参与进来。

从单身妈妈角度看，离婚后专注育儿时期容易陷入孤立，出现产后抑郁甚至虐待幼儿等情况。与独居老人合住，可以帮助她们减轻育儿负担，让她们可以外出工作。从独居老人角度讲，和单身妈妈同居能感受到家庭温暖，早晚都有人做好热汤饭，生病还有人照顾。

单身妈妈悄然走进独居老人家，也是女性无奈的生存选择。

2008年，仅东京就有两千多位老人悄然离世。日本全国平均空巢率达13.5%，每八间房屋就有一间是空巢。有些地区每五间房屋就有一间空巢。这些房屋此前往往只剩一人居住。日本六十岁以上老人，45%以上担心自己将会面临孤独。此类家庭模式，为同时解决两个问题找到一条新路。

2008年至2009年，一场席卷全球的次贷危机爆发。如果说，西方世界从何时开始衰落，就是次贷危机。这场由人性的贪婪导致的危机，重创了西方国家的工业基础和金融体系。

连东京歌舞伎町都感到钱不好赚了，先前挥金如土、彻夜狂欢的美国金融白领，一夜之间如鸟兽散！

2009年，民主党新政权生不逢时，许多竞选承诺无法兑现。日本民众企盼政党轮替带来新变化的愿望落空。

2011年，日本爆发了"3·11"大地震，地震引发海啸，继而爆发核泄漏，青森、岩手、宫城、福岛等县沿海地带严重毁损，原本安宁祥和的家园，转瞬变成人间地狱。灾情刺激了许多女性敏感的神经。她们开始害怕一个人的孤独和不安，迫切希望有人陪伴在自己身边，哪怕放低标准。

20世纪90年代，日本女性择偶标准是"三高"，即高学历、高收入、高个子。地震发生后，被排除在相亲之外的"三平"男子（平凡的脸、平均年收入、平稳的性格）反而成了香饽饽。结婚率同期上升了15%。在灾难面前，日本女性前所未有地呼吁安定。

注解：

①松本清张：日本著名推理小说家。1909年出生，自幼生活贫苦。1950年开启创作生涯，代表作有《点与线》《零的焦点》《日本的黑雾》《砂器》等，曾获芥川龙之介奖等多个奖项。松本清张开创了"社会派"推理小说，他的创作经验推动了日本推理小说的发展和繁荣。1992年，松本清张因肝癌去世。

第六章 2012至今 迈向精神自主

战后数十年男女角色分工意识，孕育了微言大义的佳作《断舍离》，它不仅思考人与物的关系，更是探索自我的人生哲学，是日本女性运用智慧开出的灿烂花朵。

低欲望社会

从2006年至2012年,日本六年间换了6个首相,创战后之最。政坛历经波动,也未能发展出两个保守政党交替执政的格局。民众失望之余期盼政局稳定。

2012年年底,日本举行新一轮众议院选举,民主党惨败,自民党大获全胜。在野党阵营随着议席减少,对政权的牵制力锐减。而自民党内,安倍晋三所属派系势力独大。

这是民众的一种无奈选择,与其把政权交给不成熟的政党造成混乱,不如交给有经验的自民党。

2012年12月,安倍晋三再度出任首相,日本政局重新进入稳定期。在政策上,他根据男女共同参与社会推进本部制订的计划,提出截至2020年,要让日本社会的各个领域都有30%是由女性占领导地位。组阁时,他在党内中枢和内阁中安排进六位女性,可谓自民党创立以来破天荒的举动。

政局平稳后,女性参政热情逐渐降低,人们越来越重视个性化的私生活,对政治人物的表演态度冷漠。近几年,日本众议院选举,二十岁至二十九岁的年轻人投票率甚至低于35%。

此时的日本女性,拥有更多人身自由和价值选择,不同年龄的女性彼此间更加包容。她们可以做全职太太,也可外出兼职。即使一直以家庭和子女为生活重心的中老年女性,也被年轻人的思想召唤,寻求自己更大的突破。她们有的加入合唱团,有的穿上迷人的舞鞋,有的拿起照相机踏上旅途。

电视剧《半泽直树》里,半泽的妻子小花,性格开朗、善解人意,既能居家又有一技之长,愿意在背后帮衬丈夫。生活中,她不乏独立思想和见解,跟丈夫平起平坐,成为新一代妻子的典范。

年轻女性普遍从"女人的幸福是结婚生子"这种传统观念转变为"结婚很好,不结婚也无妨"。而且她们认为,无论自身年龄如何,有好男人出现才会考虑结婚。

女性择偶不再好高骛远。首先要看男人的赚钱能力,可以一力承担家庭开销的优先考虑。再看是否顾家,男人上交工资比例越高,证明越顾家。是否愿意带孩子,也是重要的考量条件。对新女性而言,最重要的一条是,不要太限制妻子的生活。聪明睿智的女人,会选择不容易干涉自己的人做丈夫。最后才是看外貌,这在婚前谈恋爱的时候,才会被放在第一位。

有些高学历女性入职大公司,目的不是为了工作,而是便于挑选好丈夫。

对男人而言，找妻子第一看性格，说话轻柔、性情温和、听话的女人最受青睐。那种来自京都，有传统家教底蕴的大户人家女孩，是好妻子首选。

有相当数量的"90后"女性，仍钟爱传统生活。在日本的某位中国男士，和日本女友同居，女友每天做饭，包揽一切家务。吃饭时给他盛饭、斟酒。只要他干一点家务，女友就觉得自己没尽到义务，感到愧疚。所以，他几乎不敢碰收拾好的任何东西，哪怕动了冰箱里一瓶牛奶，也会被女友察觉。

伴随经济复苏缓慢，日本进入低欲望社会。一项"节约生活和奢侈生活相关问卷"显示，大部分女性的择偶标准倾向于"四低"：低姿态、低依赖、低风险、低燃油费。

低姿态，指男性对女性不摆架子，态度随和；低依赖，指家事不过分依赖女性；低风险，指没有被解雇风险；低燃油费，表示节约，在物价涨工资不涨的年代，会节约的男性更受女性青睐。

这种倾向表明，女性更加崇尚自然、平和的生活，既追求婚姻生活的质量，又保持独立自主。

许多新女性，婚前张扬个性，婚后回归传统，就像有一条居家分隔线，结婚前后判若两人。她们对男人不痴情，婚前不限制自己交往男友的数量。婚后如果做全职太太，会做家务、带孩子，再干兼职。

走向「个体本位」

日本将每年 11 月 22 日定为"好夫妻日",这是从成双成对引申而来的。然而,日本三十岁以上的夫妻面临的最大危机是出轨。在日本,出轨被称为"不伦"。不伦之事发生比率很高,有的女性甚至秉持"不暴露就是没发生,即使暴露也未必吃亏"的心态。但是,多数妻子仍不希望家里的"政权"轻易被外面的女人取代。

如何防止丈夫出轨?日本主妇总结出五大招数。

第一,和丈夫一起逃避现实。体谅丈夫在外承受的巨大压力,懂得如何陪伴丈夫一起解压。

第二,赞扬丈夫的话永远是首选。老婆的态度和言行可以防止丈夫出轨。

第三，在爱里加点情，向丈夫展示自己多情的一面。

第四，脱，女人都该认为自己是最美，但随着年龄增长，体型变化，衣服越穿越厚，这时更要保持身材，在丈夫面前勇敢地脱！

第五，管住丈夫的胃，无论做过几百上千次的饭，也要像第一次做饭那样。男人永远是长不大的孩子。

对日本男人而言，会出轨的丈夫最不满意妻子五种行为：

第一，不满妻子在家不爱做饭。

第二，不满妻子对自己过于放任。

第三，不满妻子对自己的收入说三道四。

第四，不满妻子有了孩子冷落自己。

第五，不满妻子结婚前后，外貌反差过大。

日本家庭正经历着社会角色互换，许多家庭的妻子和女儿开始赚取大部分家庭收入。就业市场中，女性反而更容易找到工作。这让女性掌控更多主动权，无须再像以往那样献媚男人。

日本女性逐渐从传统的"家本位"走向"个体本位"，更懂得如何爱自己，乐于尝试个性化生活，放胆追求自己的美丽和幸福。为什么会这样？让我们来看看有两个孩子的主妇一日日程表，就会明白。

6：00　起床，准备早餐

6：15　吃早餐

6：45　收拾桌子

7：00　做出门前准备

7：30　送孩子出门上学、打开洗衣机

7：35　准备便当，还有晚饭

8：30　晾衣服

8：40　做出门前准备

9：00　送孩子去幼儿园

9：15　打扫

10：30　如果有事要办，出门一趟

12：00　吃午饭

13：00　休闲时间

—

15：00　从幼儿园接孩子回家

15：15　和孩子玩游戏

16：00　上小学的孩子回来，辅导他/她做功课

17：00　准备晚饭

17：30　吃晚饭

18：30　收拾桌子

18：45　给孩子洗澡

19：30　准备第二天早饭，陪孩子

—

20：30　睡前准备

21：00　陪丈夫，自由时间

23：00　睡觉

如果只做家庭主妇，生活是不是过于单调？女性要守护孩子

和家庭，就不能失去自身的独立性。更多女性希望在一定程度上挣脱主妇处境，在自己擅长的领域从事兼职，越来越多的女性选择婚后全职工作。

当然，并非女性进入职场，就能解决独立问题。日本人把刚入职场的人称为"新米"，"新米"自然要经受打磨，既要承受压力，还可能面临前辈的欺侮。有的企业，女员工必须提前到岗，擦拭全部办公桌并装饰花瓶，还要给男员工沏茶倒水。职场竞争比居家更辛苦、更复杂。服务业女性要求标准的职业姿态，九十度鞠躬、三十度嘴角上扬，与客人说话手不能揣兜等。在上司面前，女职员要保持婉约的微笑。即便下班后跟上司到居酒屋，依然要彬彬有礼。女性的晋升空间有限，一些人可以提拔到科长，但要晋升到部长就很难。

在风俗服务领域，即便是美女也不一定成为头牌。相比外表，交际能力才是第一位，讲究"预见性服务"。客人需要什么，你比客人还要早知道。男人喜欢喝多冰的酒，要随时留意客人的杯子，在冰块融化前加入新的，客人把手伸进兜里就要将烟灰缸放在旁边，客人去洗手间要立刻递上湿毛巾。若发现客人是左撇子，就要把寿司放置于方便左手拿起的向左倾斜的位置。为让客人多点昂贵的酒，说话声音必须温柔甜美，时刻保持优雅微笑，让他感觉你很"用心"，只要工作一个月，就能变得八面玲珑。

超少子化根源

经济形势好的时候,日本政府希望更多女性在家相夫教子,经济低迷或劳动力缺乏时,则希望女性出来工作,女性成了经济的"调节阀"。

大学女生毕业后参加工作,随着结婚育儿退出劳动市场,等子女成年后再返回劳动市场。由于年龄增长和与社会疏远,只有少部分女性能成为正式职员,大部分女性则成为非正式雇员。呈现"M"型就业曲线,这种模式至今没有太大变化。

女权运动曾有个口号:"从被男人抱的女人,变为抱男人的女人!"不久便有人叹息,试了一下,还是被抱更舒服。要是必须牺牲快乐,倒不如做个"被抱的女人"。

并不是每个人都希望成为支配者。人类身上还有逃避自由和情愿被支配、被物化的意图，这是条险恶之路。人一旦习惯被动、物化、迷失，就容易成为支配者（外部意志）的牺牲品。不过，这也是一条容易走的路，它可以避免承担生存带来的焦虑与紧张。所以，有人宁愿被包养去当情人。

20世纪90年代，女性总和生育率持续下降，大幅低于2.07的人口转换比例。现在，日本已进入"超少子化时代"，总和生育率低于1.3，原因是夫妻普遍性冷淡。调查表明，72.8%的中青年夫妻，每月房事几乎为零，夫妻每天交流超过两小时的家庭仅为11.4%。

日本历届政府出台多项政策应对少子化，但效果均不明显。其实，少子化问题和日本的养老文化息息相关。

有这样一则故事：一只老鹰，要把三只还不会飞的小鹰带到大海的对岸。老鹰想试探一下孩子们，它抓起第一只小鹰，飞到海中间时问："孩子，将来我老了，你会怎样待我呢？"小鹰被老鹰抓着，它知道爪子松开，自己就会掉下去淹死。它马上说："爸爸，等您老了，我一定好好照顾您！"老鹰一听，这么小就学会撒谎！你不会兑现自己诺言的！爪子一松，小鹰掉到海里。

鹰爸爸又抓起第二只，飞到海中间又问："孩子，爸老了你会怎样待我呢？"这只小鹰想了想说："爸，等您老了，我要与您住在一起，日夜陪伴，为您养老送终。"鹰爸说："你比那个还会说假话！"爪子一松，又扔了下去。

轮到第三只，鹰爸爸带它飞到海中间，又问了同样问题，第三只小鹰说："爸，我不能保证将来如何待你，但我可以保证会像你对我一样，对待我的孩子。把您的孙子培养成一只合格的雄鹰！"鹰爸爸笑了，把这只小鹰成功带到了大海的彼岸。

日本人当然也推崇孝道，但现实中，老人和成年子女普遍愿意分开居住，老人不希望给子女添麻烦。与子女面对"上有老、下有小"的模式相比，这是典型的"对下负责"。小夫妻只要把主要精力放在孩子身上就行。对年轻人来说，减轻了压力，但对老年人而言，他们只有更多依靠自己。自私一点的年轻人会想，如果是这样，育儿成本又如此之高，不如先照顾好自己。这种"对下负责"的养老文化，使生孩子所带来的益处逐步降低。

换个角度看，少子化也是日本女性享有自由生育权的结果。历史上，日本女性被迫生育多个子女，还要承担抚养责任，她们的身心深受奴役。现代女性难道不是为了摆脱这种处境而导致少子化吗？如果女性怀孕时家人能够提供足够帮助，孩子出生后，政府、社会也给予支持，母亲的负担减轻了，她们可以把更多精力投入工作中，生育意愿自然增强。

一切皆应出于人性。否则，即使政府提供再优厚的育儿津贴，甚至将治疗不孕不育纳入医保，但少子化问题仍难解决。

仔细跨国婚姻

为带动经济复苏，刺激消费，安倍政府一面鼓励女性和老年人出来工作，一面放宽对外旅游、劳务的签证限制。尤其是对华旅游签证的门槛明显降低，大批中国游客涌入日本，掀起"爆买"狂潮，为日本的观光、零售、餐饮、酒店、护理等行业注入了强劲活力。

2015年前后，许多在日华人密集接到入职邀约，只要你懂中文，就能立即找到工作，几家公司抢你一个，态度毕恭毕敬，求你赶紧来上班，团游多到接不过来。

随着人员往来迅速增加，近几年，每年有上万对中日男女结为夫妻。日本国际婚姻对象人数最多的是中国人，占全体国际婚姻总数的30%；韩国人其次，占总数的24%。

美满幸福的跨国婚姻，容易被当作宣传样板。但现实中，中日婚姻家庭的离婚率也在攀升。日本厚生劳动省统计，2008年，中日跨国婚姻成功结合13223对。2010年，也有5946对"中日组合"分道扬镳，离婚率占2010年结婚总数的44.95%。

离婚后涉及子女的抚养权，根据国际《海牙条约》规定，父母有权申请其子女回到原居国。但是，中日两国尚未签署这项条约。因此在认定国际婚姻的抚养权时，基本上是依照所在国法院判决。中日两国如能对此予以重视，尽快协商出妥善的解决办法，就可以让离婚家庭不再承受法律纠纷之困。

中日婚姻中，中国女性嫁给日本男性约占70%，中国男性娶日本女性约占30%。部分中国女性来自贫困城乡，她们大多通过国际婚介所，结识比自己大二十岁左右的日本男性，生活在相对欠发达的日本东北地区。这些男性往往不把她们当成堂堂正正的妻子，而是看作免费的家政妇（此类婚姻近年大幅减少）。

某位赴日留学的中国女孩，认识了一个日本银行男职员，毕业后两人结婚。婚后她发现丈夫在外面还有两个私生子，最后只能离婚，丈夫一点精神损失费也没给。

离婚后，她的日本人配偶签证过期，钱包还丢了，需要补办银行卡，无奈之下，她决定找前夫帮忙。双方定好了见面时间，心里隐约有些按捺不住的兴奋，似乎找回了约会时的心情。

然而，当她开口说明困境，前夫马上提出让她付咨询费。她给了要求的金额。前夫数好钱，用完全公事公办的语气告诉她该如何办理。还说万一不成，退回80%费用。

冷酷无情和细致严谨，简直令人崩溃。日本人的角色转换非常快。若以中国男士的行事风格揣摩日本男人，是错误的。

跨国婚姻中的中国女性，往往是做全职太太，中日间的文化差异，有个磨合过程，也会因此起冲突。

《产经新闻》曾报道一起极端案件。日本人金野昌司娶了中国籍太太姜惠（化名），只因对妻子整理的房间不满，金野顺手抄起胶带，将妻子的双手双脚捆绑起来，前后长达9小时。直至接到儿子"妈妈看样子快不行了"的电话，金野才拨打"119"急救电话。之后，金野对自己的罪行供认不讳，但姜惠最终不治身亡。

中日跨国婚姻中，华人女性遭受家暴的比例达到37.3%。这一群体在日本家庭暴力受害者中的比例最高。有的甚至怀孕期间仍难逃魔掌，有人因此患上抑郁症甚至自杀。

日本政府每隔三年会针对五千名男女进行家庭暴力抽样调查。近年调查显示，受过家庭暴力的女性比例仍然偏高。很多受害者忍气吞声，经济不自主是主要原因。连日本本国女性都难以避免家暴，又何谈外国女性。

因此，选择跨国婚姻时，既要看到阳光的一面，也要考虑现实中经济和文化的差异。经济上依赖、文化上冲突、法律上无力，是需要迈过的三道坎。

"黑箱"日本之耻

婚姻中的家庭暴力,女性还可以跟亲友诉说,通过法律寻求救护。而日本的性侵犯却属于禁忌话题,法律之中也有漏洞可钻。

根据日本内阁府 2014 年的调查,被完全不认识的人暴力胁迫发生性行为的有 11.1%,更多的性侵来自熟人。事后向警方寻求帮助的受害人仅占整体比例的 4.3%,其中仅有半数,是遭受陌生人的强暴。

为什么会这样?伊藤诗织是日本首位公开长相和姓名控诉性侵的女性,从她的遭遇和心路历程中,可以看出些端倪。

伊藤诗织的家境不算富裕,从小性情执拗,敢于坚持自己的想法。九岁时曾被经纪公司选中做模特,这份工作持续到初中,同学们心怀嫉妒,为此她遭受过霸凌。中学时伊藤因身体欠佳休学,后赴美读高中,寄居在地广人稀的堪萨斯州,她立下清晰目标,要成为一名新闻记者。

后来,她再赴美国的大学半工半读,学习新闻和摄影。在纽约打工的酒吧,她结识了身为日本 TBS 电视台驻华盛顿分社长的山口敬之。这让长久怀揣着记者梦的伊藤兴奋不已,她渴望得到资深前辈的指教,当即与对方聊得热火朝天。

2014 年,伊藤毕业前夕,山口敬之爽快地给她引荐了一个在日本电视台实习的工作。此后,短暂返回日本的伊藤想再度赴美,她邮件联系山口,询问 TBS 驻华盛顿分社是否有实习机会。山口回复,不但可以实习录用,甚至考虑让她应聘制作人。这是伊藤求之不得的机会。

由此,开启了那段不堪回首的会面。两人约在东京涩谷,时间是晚上 7 点。

他们先在一家串烧店坐下,伊藤喝了几杯酒,杯子很小,她酒量一向不错,没有醉意。接近 10 点,两人又步行去往一家寿司店。很短的一段路,山口还不忘介绍,某家店我和前某某官员来过,随口说出的都是著名政客或前首相的名字。

寿司店主和山口很熟,他们坐到了吧台深处,点了日本酒,就着零星小菜,但对于工作签证的事却只字未提。伊藤喝了点酒后去洗手间,她刚回到座位上,就感到身体特别难受,再去洗手间,立刻觉得天旋地转,跌坐在马桶盖上,此后便不省人事。

伊藤醒来伴随着一阵剧痛。她躺在床上,头昏昏沉沉,感到身体被什么东西重重压着。在无法对现状进行确认的瞬间,她仍然希望这不是真的,但下腹撕裂般的疼痛,使她恢复了意识,一再哀叫"好痛",可那人却丝毫没有停止的迹象。

当她终于冲进洗手间,发现自己一丝不挂,浑身是红色瘀痕,伤口处还渗着血。她才意识到,自己被带到了酒店房间。

接着,她想逃走,可身体和头部都被对方按住,脸埋在床褥里,又一次被强暴。将要窒息的瞬间,她想到如果这种状态被发现,父母该有多么伤心。她竭尽全力反抗,膝关节也受了伤,缠斗了很久,对方终于停下了动作。

她在脑子里搜索骂他的话,却无法脱口而出。留学时,有人开玩笑说:"教几句日语脏话吧!"她总是回答:"日语里没有那样的话。"真没有吗?脏话总是男人发明,很多针对女性。当女性必须爆粗口时,却发现只能拿侮辱女性的话骂过去。于是,她竟用英语向对方抗议。

而对方却一副哄劝的口吻说:"人家真的喜欢上你了嘛。想尽快带你去华盛顿啊,你合格啦。"对方早玩熟了这套把戏。伊藤只得趁机拾起被丢在各处的衣服,匆匆穿好,快步走出房间。

羞耻感和凌乱的思绪,充斥着她的大脑,感觉自己污秽至极。坐在返回居所的出租车里,她从寿司店洗手间到睁眼醒来,这期间的记忆断片了,遭受攻击时恐怖的残影,却和痛感一起浮现。

返回住所,她把身上的衣物扔进洗衣机,要把所有经历的痕迹全部冲刷干净,却没有意识到证据也一同被销毁。淋浴的时候,她身上到处是淤青及出血的伤口,胸口痛到不敢碰水,连看一眼自己的身体都觉得嫌恶,有种想把身体脱下来丢掉的冲动。

事发于2015年4月3日,这是典型的利用职务之便,抓住别人的梦想作为可乘之机,涉嫌实施性侵的案例。

那天,伊藤诗织感觉自己被杀死了一次。

然而,山口却打来电话,若无其事地询问她是否遗落了一个化妆包。面对操着上下级口吻的山口,伊藤未及细想,竟然用敬语做了回答,这完全出于日本女性长久以来形成的惯性思维,是下属对上级的自然反应。

伊藤想着,就算被如此践踏、欺凌,或许也该咬牙忍耐。没有一点这样的承受力,这份工作或许将难以为继。但是,假如接受了这种欺凌,或许将迷失自己……

遭遇性侵第二天,她的心绪摇摆不定,恰好妹妹来到东京,如行尸走肉般的伊藤仍然强打精神拼命掩饰,带妹妹去了一家很有名的咖啡店。第三天,她又赶赴好友的饭局,只因那是几个月前约好的。两天之内,她完全处于心理休克状态,甚至没有勇气思索究竟发生了什么。日本女性源自民族性格的这种本领更像是一种自我保护。

一个人独处时,她猛然想到被下"迷奸药"的可能,又因害怕怀孕和感染性病而惴惴不安,她实在无法平复恐慌,打开社交软件,给在做护士的朋友发了消息:"我有事跟你说。"

直到此刻,她才磕磕绊绊地讲出了实情。至于是不是应该报案,她仍不能立刻做决定。无视已然发生的事,忘记所有经历,这根本就不可能。最令她痛苦的是,明明下定决心以新闻记者为业,以向公众传达事实真相为生,但自己心中却打算给绝不可能忘却的真相加上盖子,封藏起来。

假如做不到直面内心的真实,那我或许根本没有资格从事这份职业。不能怀抱信念生活下去,不管从事什么工作,都将不再是我!

事发五天后,伊藤诗织终于下定决心,一个人前往警署报案。

「Me Too」运动

然而，案件侦办过程相当曲折。警方一再强调，事情发生在私密的室内，没有第三方知情。检察官把这种情况称为"黑箱"。历时两年多，日本检方对性侵案两次做出"不起诉"判定。

在此期间，警方介绍的女律师暗示伊藤用钱解决，那位律师显得经验丰富。日本内阁府男女共同参与局 2015 年实施的一项调查显示，每十五位女性中就有一位曾经"被异性强迫发生性交"。这些遭遇性侵的女性，为了拿到一笔微不足道的赔偿金，以和解收场的案例要多少有多少。

但是，伊藤诗织依然坚持继续申诉。2017 年 5 月，她勇敢地站在媒体镜头前，将真相公布于众！

然而，面前的阻力是巨大的，许多投诉无疾而终。眼见一道道门在眼前关闭，她感到筋疲力尽、茫然无措。

正处于这种心境时，她参观了"世界新闻报道摄影展"。伊藤被美国女记者玛丽的作品吸引了。玛丽长期追踪报道美军中频繁发生的性侵事件。一位名叫凯莉的美国女兵遭遇上司性侵，她向所属的海军陆战队报告，反而遭到惩戒，开除军籍。凯莉回家五天后，以大量酗酒的方式自杀身亡。

她的父亲在遗物中发现一本日记，才得知女儿为何一心求死。凯莉在日记末尾写道："明知应该告诉父亲，可我却无论如何都难以启齿。"

凯莉死后，他的父亲孤独地站在女儿昔日的房间中，床上摆放着女儿生前的照片，这番情景被相机记录下来。

从凯莉之口，已无法讲出任何句子，但是经由摄影记者的镜头，却留下了振聋发聩的话语。站在照片前，伊藤意识到发声表达的重要性，打消了放弃生命的念头。

每个人都有自我"还魂"的方法，在她则是追求真相，揭示真相。

2017年10月，美国好莱坞知名制片人哈维·韦恩斯坦[①]的性骚扰、性侵丑闻，引发了"Me Too（我也是受害者）"运动。美国女性很早就喊出"我可以骚，你不能扰"的口号。但是，相比男性，女性知识不足，尤其是"坏点子"明显不足。禽兽不会跟你讲道理。现在，她们大胆说出自己遭受过的性骚扰、性暴力经历，通过社交媒体向全世界传播，震慑那些肆无忌惮的施暴者。

很快，"Me Too"运动在日本兴起，这场运动刚好与伊藤向媒体发声相呼应，普通人大声疾呼的力量层层叠叠，形成巨大声浪，引发出极大共鸣。韩国女性相继发起反性暴力运动、反偷拍游行。中国多位知名女性在自媒体揭发曾遭遇过的性骚扰。

女性运动代表文章《强暴是社会性谋杀》中说，任何关于性的暴力，都不是施暴者独立完成的，而是整个社会协助施暴者一起完成的。

伊藤实名公开起诉的勇者姿态，给许多遭受过职场性骚扰，却只能将屈辱深埋心中的女性带去了勇气和力量！

随着运动的展开，日本政坛也受到冲击。2018年4月，在国会召开期间，针对前财务省次官对朝日电视台女员工性骚扰问题，财务大臣声称："性骚扰罪不存在。"同时表示"这是（由受害者控告的）亲告罪，与伤害罪等不同，只要不被起诉就不构成犯罪"。

此发言遭到六个在野党的公开抗议。在野党议员集体身着黑色西服，高举红底黑字的"Me Too"标牌抗议。众多律师和女性团体也在财务省门前示威抗议。

2018年9月，伊藤诗织以"Me Too"为契机，发起设立"We Too Japan"组织。基于"不做旁观者，无论怎样的骚扰和暴力都绝不容忍"的理念，针对日本女性难以表达自我，发声困难的现状，将日常生活中的常见暴力，通过文字形式传达给大众。受害者有了协商的对象和互助的平台。

然而现阶段，受害者公开坦露性侵害经历，就像把脸伸进马蜂窝，日本人对性暴力、性骚扰的不理解与偏见依然根深蒂固。一些人担心遭到二次伤害。

在日本，能够给予受害者协助的机构或组织少之又少，性骚扰有关的帮助设施和法案十分缺乏。这个涉及强奸案出警率只有4%的国家（2015年统计），伊藤公开自己遭受性侵之后，仍有许多受害女性选择缄口不言。

著名影星水原希子，最早表达了对伊藤诗织的支持，她曾在社交媒体上写道："模特不是物品，更不是性道具。大家都是一样的人类，不要忘记将心比心。"

2020年1月，日本法院一审宣判，伊藤诗织胜诉！

这是日本"Me Too"运动的重要时刻，但这远非结点，其背后暴露出来的体制问题仍然触目惊心。

日本的男性网友，更多关注案件审理过程中的细节和政治黑幕。甚至有人直接攻击伊藤，觉得她只是利用自己的弱者（女性）身份。

无论如何，这场运动是公众的自发揭露，这是重要的一步。

日本社会在性文化方面隐藏着"黑箱"。日本便利店的货架上可以轻易买到色情杂志，直到2019年为迎接东京奥运会才做出改变。而红灯区提供各式性服务，动画动漫中的软色情信息随处可见。另外，社会对于女性受侵害的事实却讳莫如深。

在伊藤诗织看来，日本性文化的背后是女性的失声。她不认为日本的性文化是开放的，它更多呈现出的是男性视角下的性文化。在色情电影中，甚至有"强奸"主题。女性避开讨论"性"是根植于日本社会中的。

性侵害保险

日本女性没受过性骚扰的并不多,只是次数和严重程度不同。被侵犯的女性有个共同点:无论是遭遇地铁色狼还是跟踪狂,都不知如何反抗。那怎么应付色狼呢?很多女性选择加入"性侵害保险"。

她们认为,这种保险虽不能防止事情发生,起码能帮她们"善后",还是换算成钱的思路。

从前,这种善后归日本政府负责。政府规定,女性被强暴导致怀孕,如果本人同意,受害人居住地政府要出钱帮她堕胎。但是由于财政困难,日本全国16个都道府县已表示,不愿再为此买单。

政府不管,保险公司嗅到商机,将"性侵害保险"定位于"薄利多销"的小额险种，越来越多女性无奈地选择花钱买安心。

保险合约规定，如果参保女性因强暴而意外怀孕，保险公司将会承担其堕胎及休养费用。如果抓到元凶，女性还能享受免费法律咨询及代理诉讼服务。

当然，这一切都是在事实被确认的前提下。对于日本色狼来说，女性越是温柔驯良，他们就越禽兽不如！

2011年度《犯罪受害者白皮书》显示，遭遇性侵的女性当中，有67.9%的人选择忍气吞声，不肯报案也找不到其他人商量。

遭遇性侵为何不吭声呢？46.2%的受害女性回答："羞耻。"她们认为，这种事被别人知道比暗中受辱更"可耻"。很多女性在电车里遭遇"痴汉"（色狼）肆无忌惮上下齐手，她们大多选择默不作声，顶多移一下位置。是不敢声张吗？不是，她们是不想。

还有22%的女性受害者回答："不报案是因为'不愿意再想起'。"这也是日本女性的性格特征之一，甚至是整个民族的特质。这加大了办案的难度，很多"痴汉"被当场抓住扭送警局，但是受害女性却跑没影了，仅有目击者却没有当事人。

性犯罪的背后，加害者感到快乐，受害者却感到羞耻，这是日本独特的"耻"文化。

面对挫折，遭遇重大打击，很多日本人首先想到的是逃避。长期"家里蹲"的宅男宅女，是一种深度逃避，属于对社会隐形的反抗。极端逃避的终点就是自杀。逃避也是日本女性遭遇性侵后不吭声的重要原因。

还有女性认为"只要自己够坚强，人生就能过下去"。她们崇尚隐忍，遇事不埋怨、不抱怨。

就如同捡到日本女性的钱包归还时，听到的不是谢谢，而是对不起。在日本女性身上发生的事，被当成日常生活的一部分去接受，不愿借助外部力量，她们认为找人商量或报案，是给别人添麻烦。这种"美德"，无疑在助长性犯罪。

很久以来，在性犯罪多发、隐发的日本，连个像样的性犯罪受害者心理诊疗所都没有。2017年，首个全国性帮助性犯罪受害者基金会成立。现在，日本41个都道府县设立了"强奸危机中心"。国会通过法案，强奸罪的最低刑期从三年提至五年，男性首次被允许提出强奸指控。

表面上，改变开始了。日本许多公司的男女职员，工作以外很少聊私事，下班各走各的。公司里都不能跟异性谈论隐私话题。例如：女同事怀孕后，问她怀孕几个月啦？男职员是不能问这类问题的，这属于隐私。

社会和职场，明（文明）的越来越明，暗（黑箱）的依旧很暗。

奇葩协议书

日本人心里，其实都住着另一个"自己"，一明一暗，他们把社会上扮演的角色和内心真实的自己，区别得很清楚。日本人骨子里的想法和他们要做的事是分开的。个别区分不清的人，或实在憋不住的就出事了。所以，媒体才会爆出令人大跌眼镜的消息。

2019年11月，因主演《一公升的眼泪》而被中国大陆观众熟知的日本影星泽尻英龙华，因持有非法药物被紧急逮捕。

她在剧中的角色原型叫木藤亚也（1962年出生）。在女人一生最好的年华，十五岁的亚也被诊断患有"脊髓小脑萎缩症"。说话、坐立、进食，这些最平常的行为，在她身上成了遥不可及的幸福。在没人呼吁关注"渐冻症"，没人发起冰桶挑战的年代，亚也和自己进行着精神比赛，在家人扶持下与不治之症抗衡，直至二十五岁离开人世。就算清楚自己的未来已全部化为泡影，她的病中日记里依然记录着生活的美好。"把手放在胸口，感觉到扑通扑通的声音。心脏还在跳动，好开心。我……还活着。"她去世几十年后，仍带给无数人活下去的力量。

现实中，亚也并没有交到男朋友，但剧本如果不这样编写，谁又能把戏演得如此淋漓尽致？

泽尻英龙华，原译名泽尻绘里香，她觉得"绘里香"太过小女生，自己起了更响亮的名字——英龙华。

她幼年家境优越。母亲是法国人，父亲原是马场主，拥有十余匹赛马。作为小女儿，她备受宠爱，学过骑马、跳舞、钢琴等，家中还有两个哥哥。

然而，在她九岁时，父亲却突然失踪。家中经济一落千丈，全靠母亲经营餐馆及她本人兼职模特维持。小学六年级时，她凭借出众的外貌和一头自然卷，参选成为著名少女漫画《RIBON》的模特。随后又成为时尚杂志《Nicola》的模特。

直到十五岁时，父亲又突然回家，并于同年因癌症末期辞世。

父亲去世后第二年，二哥又遇交通事故身亡。深受多重打击的泽尻开始荒废学业。长兄曾是演员，于是她也跻身演艺圈。

2002年，泽尻英龙华通过参加选秀顺利出道。2003年，她开始参演电视剧，凭借出众的外貌和精湛的演技，泽尻的事业发展良好，虽然曾因宣传电影时过分高傲，被媒体大肆抨击，遭到经纪公司解雇，但在几年后仍然东山再起，人气不落。

此次涉毒事件之前，最受人们关注的是她那段婚姻。

2009年，泽尻英龙华与剧作家高城刚结婚。两人举办了相当隆重的婚礼仪式。时年，泽尻年仅二十二岁，高城刚年近四十四岁。

然而，结婚不到一年半，泽尻就宣布离婚。两人随后展开了近四年拉锯战，离婚风波成为媒体焦点。高城刚一度要求泽尻公开所有信息，才同意离婚。

其中，包括据说是泽尻拟定的结婚协议书：

每个月性生活最多5次。超过5次，每次高城刚需支付50万日元（约3.3万元人民币）。

如果高城刚被发现和泽尻以外的女性约会，一经确认，高城刚必须向泽尻支付1000万日元的罚金（约67万元人民币）。如果发现有肉体关系，则需支付高达2000万日元的赔偿金（约133万元人民币）。

两人若离婚，高城刚全部财产的90%自动归泽尻所有。

如果有孩子，则由泽尻单方面决定抚养权归属。

必须指出，泽尻本人并未证实这份协议。此类私密协议往往也不会有人出面证实。少女时代受过创伤的女性，她们的苦楚与无奈，对婚姻的不安，对男性的不信任，深深隐藏在心中。

当不幸发生时，她们求助无门，法律和政策的保护总以金钱来衡量，女性只得接受不带一丝温度的补偿。似乎只有金钱是实的，其他全是虚的。

有种观点认为，极端的权利要求也属于女权。一个女人愿意给别人做情妇，愿意和多个男人有染，都是自己选择的生活方式。所以，女人要求丈夫为性生活付费也合理。一切权利的交易只要双方合意，即是平等。只要男人愿意买单，愿意接受，又不违反法律，外人无权干涉。

这很可能把女性权益庸俗化，把女性权益的内核弄脏了，超越人性自私和自尊的界限谈自由，无法保障女性的权益。

事实上，两人离婚时，泽尻未曾拿到任何补偿。

酒井法子与泽尻英龙华，在她们迷人的外表下，遮掩不住成长过程中无法言喻的凄惨经历。她们都以自认为明智的行动努力抗争，但当颠覆性的事实被曝光后，迎接她们的是更深的伤痛和更久的迷失。

2020年2月，泽尻英龙华因涉毒被判入狱一年半，缓刑三年。刑期与酒井法子一致。两人事发后曾被关入同一间警局。

日本明星和违禁药品为何总有千丝万缕的联系？明星第一次涉及违禁品往往是受朋友、前辈、工作环境影响。这也解释了为何总是男女成双被捕。而且，明星往往更多出入俱乐部这类半封闭场所，为违禁品大开方便之门。

量刑并未对涉案明星起到足够警示。日本法律对初犯者往往施用缓刑。演艺圈逐渐成了违禁药品的最大存储地，演艺人士互相支持，利用明星和泪水的力量，借由"再给他们一次机会"，帮助涉案人员尽快回归工作。

如果使用违禁药物的艺人再次涉案，此类报道只会给吸食者某种畸形的支持，即"那些人还不照样可以回归社会"。这样一来，报道艺人使用违禁药物的新闻，反而导致了纵容药物犯罪的所谓"宽容"的社会。

渡边直美

2018年"双11"晚会,一位日本女星惊艳亮相,刷新了很多中国观众眼球。作为唯一的日本艺人,她拿出看家本领模仿碧昂丝、大秀热舞,尽情展示丰满身材,给人强烈的视觉冲击。她正是现象级人气偶像——渡边直美。

1987年,渡边出生于中国台湾。父亲是日本人,母亲是中国台湾人。幼年时期,双亲离异。上小学时,她跟随不懂日语的母亲移居茨城县,长期往返日本、中国台湾两地。

长大后的她身高1.57米,体重100公斤,学习成绩平平,没有升入高中。以此条件过循规蹈矩的生活尚属不易。渡边也曾一度陷入消沉,但积极的心态让她摆脱自卑,反而希望就此挖掘自身潜力。事实证明,尽早选对适合自己的人生赛道开发自身天赋,并为之刻苦努力，比学习成绩更重要。

她从小就憧憬成为艺人，很早就意识到自己的性格和外形特质适合向搞笑艺人发展。初中毕业后，渡边直美每天打工8小时，只为进入吉本综合艺能学院赚学费。十八岁初登舞台，仅两三年时间，便习得一口流利日语。2014年，渡边远赴纽约，学习跳舞和语言，用三个月时间精进个人能力。

2016年，渡边在Instagram（照片墙）的粉丝达四百四十万，高居演艺圈榜首。2018年，渡边入选《TIME》杂志年度网络最具影响25人。她打破了大众（尤其外国人）对日本女性的固有印象。

日本网友称："时代真的变了，日本人终于发现自己的问题了。"人们过分执着于女性身材，总希望对方瘦。渡边则不因年龄、体型而自卑，时刻热爱当下的自己，这份自信和自我让她光芒四射。

很多粉丝钦佩渡边的创造力和艺术感染力。有粉丝称："以前觉得渡边是真胖啊，现在必须坦言，她真的好帅啊！可以如此百变。一个人的艺术表现力和他（她）的胖瘦毫无关系，真太厉害了！"

在YouTube上，渡边说："人生来并不具备什么，所以也无从谈起缺少什么。委身于外界价值观的时代已经终结，自此将迎来坚持自我价值观时代。"

传统日本女星，普遍需要符合男性审美。与之相反，渡边不是被男性审美塑造的女星。以往并非淑女形象的搞笑艺人，谁也未曾达到她的高度。

作为新一代流行偶像，2021年东京奥运会开幕式，有人希望渡边直美代表日本登场。奥运会开闭幕式总导演佐佐木宏提出一个创意：让渡边直美穿上可爱的粉色衣服，伸出舌头，扮成"奥运猪"在开幕式上从天而降。日语中"Olympic"（奥林匹克）与"Olympig"（奥运猪）是谐音。

他可能想给蕴含"抗疫元素"的开幕式增加一份喜剧效果。但是，此事曝光后，众多女性并不买账，她们认为这个创意将渡边的特质用错了方向。佐佐木宏因此道歉并请辞。

当你有能力触碰到时代边缘，才能深切体会到自身的存在。渡边直美对此回应："从表面看，我的体型的确很大，这是毋庸置疑的事实，我理解难免会有这样的目光……事实上，这样的体型于我，是件非常幸福的事。因此，我依然会像以前一样，无惧自己的身材，坚持做渡边直美。"对于周遭的恶意，渡边也表示尊重，作为艺人她会更加努力。

渡边不惧旁人和世俗看法，勇于坚持做自己的生活态度，在疫情期间激励了很多人。日本年轻人希望挑战、改变日本社会过于压抑的集体价值观，反抗单一且固化的价值评价，试图寻找能够展现个人价值的自由。这也正是渡边直美风靡日本的缘由。她出道超过十五年，长期超于常人的付出才有今天。

不过，虽然渡边直美取得了一种突破，但是日本社会以男性审美为标准的大环境并未改变。2005年成团的AKB48，以亲民为标榜，不断刷新流动性，岂不是将青春女性物化出新高度？组合中目前没有哪个女孩形似渡边。

注解：

①哈维·韦恩斯坦：1952年出生，美国著名制片人和发行商，米拉麦克斯创始人。他大力推动了独立电影的发展，是电影界极富争议的人物。他制作和发行多部有影响力的电影，包括与中国知名影人合作，旗下电影屡获奖项。2017年10月，哈维被《纽约时报》披露在几十年内涉嫌至少对八位女性进行性骚扰。后有七十多名女性指称遭到过他的骚扰和侵犯。2020年3月，哈维被判入狱二十三年，纽约最高法院宣布，将他正式列为性犯罪者。

结语

最近几年，日本经济平稳回升，政局基本稳定。当物欲旺盛的我们沉浸在从买买拆拆中获取满足感的时候，人均GDP超过4万美元的日本，年轻人以"选择不拥有"来体验幸福，实践着"断舍离"。消除面对未来的不安，让冻结的心得到润和。"优衣库""无印良品"诞生于日本，便是低欲望生活的某种投影。

众所周知，日本具备一个民主社会的基本条件，拥有新闻自由和结社自由，这为女性的发展提供了强大助力。国家制度的相对完善对女性权益提升意义重大。

七十多年来，日本女性在家庭、教育、职场、参政等领域取得了跨越式发展，年轻人与老一辈的思想差异，已经非常明显。但日本男性的进化速度慢于女性，传统观念依旧根深蒂固。女性整体地位依然低于男性，真正实现男女平等还需更多努力。

2021年7月，受新冠肺炎疫情影响，日本坚持举办缺少现场观众的东京奥运会。尽管如此，日本人依然满怀期许，将未来看作是"黄金十年"！

"泪眼问花花不语，乱红飞过秋千去。"

从近代起，女性争取权益的斗争，从来不是一帆风顺，甚至一开始就伴随着血腥。

1789年，法国大革命后，满怀憧憬的奥兰普·德古热①以刚发表的《人权宣言》为蓝本，写出《女权宣言》。在宣言中，她要求取消所有的男性特权，这看似有些夸张和矫情。然而，在当时引领世界思想潮流的法国，如果丈夫发现妻子通奸，当场捉住将她杀死，法律可以赦免丈夫。但妻子显然没有这种权利。如此荒谬的现实，德古热只是想把它纠正过来。

然而不久之后，德古热、罗兰夫人②、夏洛蒂·科黛③，那个时代最杰出的女性代表，被推上断头台！

1872年，美国女权运动先驱苏珊·安东尼，明知未获选举权，但仍前往投票站参与总统大选，她把选票放入投票箱后，被法警逮捕。美国最高法院判定她有罪。

以荒唐理由杀人和随意定罪的年代，离我们并不遥远。今天的女性享受的种种权益，正是前辈们用血和泪奋斗而来。了解这些，会减少一些对生活的抱怨。

人应该怎样活着，让人活得有尊严的社会该是什么样子？这不完全是女人的问题，也是男人的问题。

与西方女性大张旗鼓开展女性运动相比，日本女性进行的是一场静悄悄的革命。七十多年来,她们以"润物细无声"的方式实行了许多变革。曾经的日本女性性格内敛、气质婉约。明治维新后经过一百多年的演变,尤其是1945年后的变革,让日本女性的样貌发生了重大变化。体现在女性身上,更多的是既融入新女性主义的内涵,又保留传统女性的精髓。

一个人所秉承的传统,它的界限究竟在哪儿?所谓文化习俗,就像天生嵌入人们精神与肉体的思维定式,改变这个定式,如同挣脱与生俱来的枷锁,或许身心皆会坍塌。可是,定式并非一成不变,其中的保守观念是可以重塑的。让人们认识到那不是宿命只是生活惯性,总是好的。

这个世界,许多人的家园并非是流淌着牛奶与蜂蜜的福地,不论身在何处,女性思想不能被思维里的高墙束缚。人生就是克服一个又一个困难的同时,把幸福握在手中。

今天,女性主义仍在不断演化,走向更自由和更健康的方向。看着日本女性的发展历程,原来我们一点都不孤单。

注解：

①奥兰普·德古热：法国女权主义者、剧作家、政治家。1748年出生，她很早结婚，丈夫去世后搬往巴黎从事戏剧创作。法国大革命后，她希望新的共和国能给法国女性带来转机。德古热认为《人权宣言》没有赋予女性任何平等权利。1791年，她在《女权宣言》中写道："对于妇女行使自然权利的唯一限制，就是男人的永远专制。"在给玛丽皇后的信中她说："当所有妇女都意识到自己的不幸命运及她们的权利已丧失殆尽时，这场革命才能继续进行。"1793年11月3日，德古热被送上断头台。当时的法律判定她是"忘记女性美德的阴谋家"，德古热自不量力地想要改变她无法理解的世界。今天的法国，德古热受到应有的尊敬，法国人用她的名字命名学校和街道。

②罗兰夫人：法国著名政治家，1754年出生，法国大革命时期吉伦特派领导人之一。她不担任公职，但她的意见左右了吉伦特派的政治走向。巴黎政界称她是"吉伦特的无冕女王"。在血腥风暴来临前，她掩护多名派内成员躲过追杀，自己却放弃了求生机会。有评论称，她对完美品格有至高追求，当情欲因情人的出现而动摇，她宁肯身陷囹圄，也要求得内心的安宁。1793年11月8日，罗兰夫人被送上断头台。她最后的遗言"自由、自由，多少罪恶假汝之名以行！"流传世界。

③夏洛蒂·科黛：法国革命家，1768年出生，法国大革命期间，她支持吉伦特派，非常抵制雅各宾派的激进行动，深信掌控

巴黎局势的马拉对此负有重大责任。1793年7月13日，她来到马拉住所，称自己是有五个孩子的寡妇，是来告密的，她被马拉获准进入浴室。刺杀成功后，她走到隔壁等待抓捕。受审时她说："我杀一个人，是为拯救数十万人，为使我的国家安宁而杀了一头野兽。"赴刑场途中，她问道："马拉会被葬在先贤祠吗？"讽刺的是，马拉确实被葬在了先贤祠，只不过在雅各宾派倒台后，又被迁了出来。